بسم الله الرحمن الرحيم

تركيا
والقضية الفلسطينية

قسم الأرشيف والمعلومات
مركز الزيتونة للدراسات والاستشارات
بيروت - لبنان

تقرير معلومات
(17)

رئيس التحرير
د. محسن صالح

مدير التحرير
ربيع الدنّان

هيئة التحرير
باسم القاسم
حياة الددا
صالح الشنّاط
محمد جمّال

Information Report (17)
Turkey and the Palestinian Issue

Prepared By:
Information Department, Al-Zaytouna Centre
Editor:
Dr. Mohsen Moh'd Saleh
Managing Editor:
Rabie el-Dannan

© جميع الحقوق محفوظة

2010 م - 1431 هـ

بيروت - لبنان

ISBN 978–9953–500–92–8

مركز الزيتونة للدراسات والاستشارات

ص.ب: 14-5034، بيروت - لبنان

تلــفون: 44 36 80 1 961+

تلفاكس: 43 36 80 1 961+

بريد إلكتروني: info@alzaytouna.net

المــوقــع: www.alzaytouna.net

تصميم الغلاف
مروة غلاييني

طباعة
Golden Vision sarl +961 1 820434

تركيا والقضية الفلسطينية

فهرس المحتويات

مقدمة 5

أولاً: نبذة تاريخية عن علاقة تركيا بالقضية الفلسطينية: 7

1. الخلافة العثمانية ودورها في الحفاظ على الهوية الفلسطينية وتراثها 7
2. صناعة القرار في تركيا 10

ثانياً: تطور العلاقة التركية الإسرائيلية: 12

1. على المستوى السياسي 12
2. على المستوى العسكري 17
3. على المستوى الاقتصادي 23

ثالثاً: القضية الفلسطينية ودور تركيا الجديد: 31

1. وصول حزب العدالة والتنمية إلى الحكم وتحول السياسة التركية شرقاً 31
2. موقف تركيا من عملية التسوية السلمية للقضية الفلسطينية 36
3. تركيا بعد فوز حماس بالانتخابات 39
4. الدور التركي في المصالحة الفلسطينية 42
5. موقف تركيا من العدوان على قطاع غزة 44
6. موقف تركيا من حصار قطاع غزة 48
7. الاعتداء على أسطول الحرية 50

خاتمة 55

3

مقدمة

باتت تركيا لاعباً رئيساً في منطقة الشرق الأوسط بشكل جلي مع وصول حزب العدالة والتنمية إلى السلطة سنة 2002، وذلك وفق التوجهات الاستراتيجية الجديدة التي بلورت نظرية تقوم على استثمار الجوار القريب، وتفعيل العمق الاستراتيجي من خلال تنشيط وتفعيل مجمل العلاقات السياسية والاقتصادية والثقافية مع العالمين العربي والإسلامي، دون الإخلال بالعلاقات الطيبة مع الجوار الأوروبي، ولعل المواقف الأخيرة للسياسة الخارجية التركية المتعلقة بقضايا المنطقة، وفي مقدمتها القضية الفلسطينية كشفت عن صورة تركيا الحديثة الجديدة، التي تسعى من خلالها إلى صناعة نموذج يستثمر التاريخ العثماني الإسلامي، والتراث الأتاتوركي العلماني، وفق نموذج يعمل على الجمع بين هويات تتوافر على جملة من عناصر القوة التاريخية والثقافية والأخلاقية.

وانطلاقاً من أهمية الموضوع، اختار قسم الأرشيف والمعلومات في مركز الزيتونة للدراسات والاستشارات أن يتناول في التقرير السابع عشر من سلسلة تقارير المعلومات الحديث عن تركيا والقضية الفلسطينية.

ويسلط هذا التقرير الضوء على المسار التاريخي للعلاقة التركية بالقضية الفلسطينية، وتطور العلاقة التركية ــ الإسرائيلية على المستويات الثلاثة: السياسي، والعسكري، والاقتصادي.

ويتناول الدور التركي الجديد في القضية الفلسطينية انطلاقاً من وصول حزب العدالة والتنمية إلى الحكم وأثره في تحول السياسة التركية في منطقة الشرق الأوسط، بما فيها عملية التسوية السلمية للقضية الفلسطينية، والمصالحة الوطنية الفلسطينية.

ويتحدث عن الموقف التركي من العدوان الإسرائيلي على قطاع غزة 2008/12/27- 2009/1/18، معرجاً على مؤتمر دافوس الذي شهد مشادة كلامية بين رئيس الوزراء التركي والرئيس الإسرائيلي.

ويختتم التقرير بالحديث عن حصار غزة والموقف التركي الرسمي والشعبي منه، والمساعدات، والمحاولات التركية لفك هذا الحصار، التي كان أبرزها الاعتداء الإسرائيلي على أسطول الحرية لكسر حصار غزة، الذي كان ينقل مساعدات إنسانية للقطاع المحاصر، والذي سبب توتراً غير مسبوق في العلاقة بين تركيا و"إسرائيل".

أولاً: نبذة تاريخية عن علاقة تركيا بالقضية الفلسطينية

1. الخلافة العثمانية ودورها في الحفاظ على الهوية الفلسطينية وتراثها:

ارتبطت تركيا منذ العهد العثماني بفلسطين ارتباطاً يستند إلى العاطفة الدينية، من منطلق المكانة الدينية والروحية التي تمتعت بها أرض فلسطين.

بعد انتصار السلطان العثماني سليم الأول على المماليك في سنة 1516[1]، خضعت فلسطين إلى حكم الأتراك العثمانيين حتى شتاء 1917. كما سمح لأهلها من المسيحيين واليهود أن يمارسوا معتقداتهم الدينية بكل حرية، وحصلوا على كل حقوقهم المدنية.

بعد وفاة السلطان سليم عهدت الخلافة إلى ابنه السلطان سليمان الملقب بالقانوني في سنة 1520، الذي تمت في عهده الإنشاءات الكثيرة في حواضر العالم الإسلامي آنذاك، واهتم بمدينة القدس اهتماماً كبيراً، فقام السلطان سليمان بتجديد سور القدس، وتجديد عمارة قبة الصخرة وإعادة تبليطها، كما قام ببناء جدران الحرم وأبوابه. ولم يقف الاهتمام والتجديد على السلطان ووزرائه بل قامت زوجته الروسية الأصل روكسيلانة Roxelana بإنشاء التكية المعروفة بتكية خاصكي سلطان، التي آوت طلاب العلم، وقدمت وجبات الطعام للفقراء من مدينة القدس، والتي استمرت في تقديم خدماتها حتى الآن[2]. كما عمل العثمانيون على تطوير المدينة، وتسهيل تواصلها مع باقي مدن وموانئ فلسطين، فجرى إضاءتها بالفوانيس، وأنشئت الطرقات الواسعة، ورصفت شوارعها الداخلية. كما حفرت الجور الامتصاصية لتصريف مياه الأنهار، وتم مد خطّ سكة حديد سنة 1892 بين القدس وميناء يافا. كما ربطت القدس بخطوط التلغراف مع مصر وبيروت وأوروبا، وزودت بالكهرباء سنة 1914.

لقد أدركت الدولة العثمانية مبكراً خطورة الأوضاع والمؤامرات التي تحيق بفلسطين. وأصبح ذلك جلياً بعد عقد المؤتمر الصهيوني الأول في مدينة بال السويسرية

سنة 1897. مما دفع الدولة العثمانية للقيام بعدة إجراءات قبل المؤتمر وبعده، منها: إنشاء مجلس بلدي في القدس سنة 1863، وكان المجلس الثاني الذي شكل بعد مجلس بلدية اسطنبول، وجعل فلسطين ولاية مستقلة عن سورية سنة 1872، كما تم تثبيت القدس كمتصرفية مستقلة عن ولاية سورية سنة 1874، وضُم قضاء الناصرة إلى متصرفية القدس، وفصل عن ولاية بيروت، وذلك بسبب استخدام رؤساء اليهود والسماسرة الطريق لتهريب اليهود المهاجرين غير القانونيين الواصلين إلى ميناء بيروت[3].

حاول اليهود الهجرة إلى بيت المقدس، ولكنهم كثيراً ما كانوا يصطدمون بموقف السلطات العثمانية التي كانت حائلاً دون أطماعهم. وعلى الرغم من تعاطف العثمانيين مع اليهود الناجين من المذابح الإسبانية، والسماح لهم بالسكن في أي البلاد، إلا أنهم منعوهم من دخول الأراضي المقدسة في مكة المكرمة والمدينة المنورة والقدس الشريف[4].

وعلى الرغم من الاهتمام العثماني وحرصهم على أرض فلسطين والقدس تحديداً، فإن مجرى الأحداث في الدولة العثمانية أسهم إلى حدٍّ ما في زيادة عدد المهاجرين اليهود إلى فلسطين وحيازة الأراضي. إذ دفع فساد الإدارة في اسطنبول، وفي المتصرفيات، علاوة على الظروف الاقتصادية والاجتماعية، في دفع البعض لبيع أجزاء من أراضيهم وممتلكاتهم. ولكن في المقابل تصدى بعض رجال الإدارة لوقف تيار الهجرة، والتشدد في مراقبة انتقال الأراضي لليهود والأجانب[5].

لقد ظهرت أول دعوة يهودية للهجرة إلى فلسطين سنة 1665 على يد يهودي تركي اسمه شبتاي تزفي Shabbetai Tzvi الذي بدأ بجمع اليهود وتنظيمهم وتنبيههم إلى الهجرة نحو فلسطين. وعندما أمر السلطان العثماني بالقضاء على هذه الحركة، أمر شبتاي أتباعه بالتظاهر بالإسلام والعمل بسرية لتحقيق أهدافهم، وعرفوا باسم يهود الدونمة؛ ومع مرور الزمن وصلت أعداد منهم إلى مناصب رفيعة في الدولة والجيش، هيأت لهم ما كانوا يصبون إليه، ولا سيما في عهد الضعف الذي مرَّ على الدولة العثمانية[6].

كان رفض السلطان عبد الحميد الثاني إسكان وتوطين المهاجرين اليهود في فلسطين، سبباً في إثارة أوروبا ضده، إذ كانت تريد تصدير مشكلة اليهود التي تعاني منها إلى الدولة العثمانية[7].

وقد حاول ثيودور هرتزل Theodor Herzl، مؤسس الحركة الصهيونية، عبثاً إقناع الدولة العثمانية ببيعه فلسطين وإعطاء اليهود حكماً ذاتياً فيها تحت السيادة العثمانية، وفتح أبواب الهجرة اليهودية إليها مقابل عروض مغرية، كانت الدولة العثمانية في أمَسِّ الحاجة إليها. إلا أن السلطان عبد الحميد وقف سداً منيعاً ضد رغبات اليهود، وردَّ على من نقل اقتراح هرتزل إليه قائلاً:

> أنصحه ألا يسير أبداً في هذا الأمر. لا أقدر أن أبيع ولو قدماً واحداً من البلاد؛ لأنها ليست لي بل لشعبي. ولقد حصل شعبي على هذه الإمبراطورية بإراقة دمائهم، وقد غذوها فيما بعد بدمائهم، وسوف نغطيها بدمائنا قبل أن نسمح لأحد باغتصابها منا... ليحتفظ اليهود ببلايينهم، فإذا قسمت الإمبراطورية، فقد يحصل اليهود على فلسطين دون مقابل، إنما لن تقسم إلا على جثثنا، ولن أقبل بتشريحنا لأيِّ غرض كان[8].

بعد هذا الموقف أكد هرتزل أنه يفقد الأمل في تحقيق آمال اليهود في فلسطين، وأن اليهود لن يدخلوا الأرض الموعودة (فلسطين) طالما أن السلطان عبد الحميد قائم في الحكم؛ لذلك سعى اليهود للإيقاع بالسلطان عبد الحميد وتشويه صورته في أثناء حكمه، وكذلك في التاريخ[9].

حين سيطرت جمعية تركيا الفتاة في 1908/7/23 على مقاليد الحكم في الدولة العثمانية، سمحت بالهجرة اليهودية إلى فلسطين، وشراء الأراضي وتأسيس المستوطنات[10].

كما كان لليهود الدور البارز في إنهاء الخلافة الإسلاميّة وتحويل تركيا إلى دولة علمانيّة، حيث بدأ عصر تركيا الحديثة بزعامة مصطفى كمال أتاتورك Mustafa Kemal Atatürk.

2. صناعة القرار في تركيا:

تتعدد العناصر المؤثرة في صنع القرار في تركيا، ومن هذه العناصر: الأحزاب السياسية، والمؤسسة العسكرية، والمؤسسة الدينية الرسمية، وجماعات المصالح والتي ينضوي تحتها النقابات العمالية والمهنية ورجال الأعمال، كما تعد الطرق والجماعات الدينية من أبرز القوى السياسية والاجتماعية الفاعلة والمؤثرة في عملية صنع القرار على الرغم من حظرها، بالإضافة إلى الرأي العام ووسائل الإعلام[11].

وعلى الرغم من الطابع المؤسساتي الذي يصبغ صناعة القرار التركي، فإن المؤسسة العسكرية التركية أثبتت أنها اللاعب الأقوى في الحياة السياسية، ربما لأن الجيش يعتبر الحامي الأول لعلمانية الدولة، التي انبثقت عن إعلان الجمهورية التركية سنة 1923، وإنهاء الخلافة العثمانية سنة 1924، على يد مصطفى كمال أتاتورك، الذي قام بدور نشط في تحويل تركيا إلى دولة علمانية، وفي ابتعادها عن حضنها الإسلامي. فقام بتبني الأحرف اللاتينية بدلاً من العربية في اللغة التركية، وحارب الرموز والتيارات الدينية، ومنع الحجاب، وتبنى القبعة الغربية، كما تبنى الآذان باللغة التركية. وسعى لأن تكون تركيا جزءاً من أوروبا حتى في إطارها الثقافي والسياسي والاقتصادي.

لقد كان الجيش اللاعب الأبرز في صناعة القرار في تركيا، من خلال عدد من الانقلابات العسكرية على المؤسسة السياسية التركية، وهو نتاج للدكتاتورية التي أصّل لها أتاتورك، على الرغم من أن تركيا الحديثة اعتبرت بلداً ديموقراطياً بسبب التعددية الحزبية. ويستمد الجنرالات الأتراك قوتهم من دعم رجال الأعمال الكبار، ووسائل الإعلام الكبيرة، التي تلعب دوراً أساسياً في إعداد وتهيئة الشارع التركي للانقلابات العسكرية، وبأساليب مختلفة، إذ أن، لرجال الأعمال الكبار مصالح كثيرة مع الجيش. وكانت الحجة التي يعلنها دائماً الجيش هي حماية النظام العلماني والأمن الوطني والقومي ضد المخاطر الداخلية والخارجية، وفي مقدمتها حزب العمال الكردستاني[12].

لقد استطاع الجيش التركي تحت شعار حماية العلمانية، التحكم بمسيرة البلاد السياسية من خلال ثلاث عمليات انقلاب فعلية في الأعوام 1960 و1971 و1980، كما ساعد على الإطاحة بحكومة نجم الدين أربكان Necmettin Erbakan ذات التوجه الإسلامي سنة 1997[13].

عندما وصل حزب العدالة والتنمية، "الإسلامي المعتدل"، إلى الحكم، بعد عقود من حكم العلمانيين، سعت المؤسسة العسكرية إلى عرقلة عمل هذا الحزب، وحاولت بلا جدوى منع عبد الله غول Abdullah Gul من الفوز بالانتخابات الرئاسية سنة 2007. وفي سنة 2008 ساند العسكريون ضمناً محاولة النائب العام عبد الرحمن يلشينكايا Abdurrahman Yalçınkaya حظر حزب العدالة والتنمية، لكن المحكمة الدستورية قررت خلاف ذلك وبفارق صوت واحد. وهو ما يعدّ تحولاً أساسياً في التحكم بالمسار السياسي لتركيا، نجح من خلالها حزب العدالة من وقف حالة الانقلابات، وهو ما اعترف به رئيس الأركان الجنرال إلكر باشبوغ İlker Başbuğ الذي أقر بأن زمن الانقلابات ولى[14]. وذلك بما أسسوه من قاعدة شعبية من خلال ملامسة مشاكل طبقات الشعب التركي كافة، والعمل على إيجاد حلول ناجعة للعديد من المشاكل خصوصاً ما يعانيه أصحاب الطبقة الفقيرة، ولا سيما على الصعيد الاقتصادي، والعلاقات مع دول الجوار، وصولاً إلى سعي الحكومة برئاسة حزب العدالة والتنمية لحل المشكلة الكردية من خلال دمج الأكراد دمجاً حقيقياً في الدولة التركية، ولكن من دون التهاون مع اعتداءات حزب العمل الكردستاني، إذ إن حزب العدالة يدرك أن هذا الأمر يمكن أن يشكل ثغرة أساسية للجيش لتأليب الرأي العام على الحزب.

ولا بد أيضاً أن نذكر الورقة الفلسطينية التي استطاع حزب العدالة توظيفها بشكل جيد لكسب الرأي العام التركي المتعاطف أصلاً مع هذه القضية من منطلق ديني على الرغم من سطوة العلمانية على كافة مفاصل الحياة التركية، من خلال المواقف الجريئة والانتقادات اللاذعة من قبل زعماء الحزب لإرهاب "إسرائيل" واعتداءاتها على الفلسطينيين.

ثانياً: تطور العلاقة التركية الإسرائيلية

1. على المستوى السياسي:

كانت تركيا أول دولة ذات غالبية مسلمة تعترف بـ"إسرائيل"، وكان ذلك سنة 1949، على الرغم من أنها صوتت ضد قرار تقسيم فلسطين الصادر عن الجمعية العامة للأمم المتحدة في 1947/11/29[15]. كما شاركت تركيا، إلى جانب فرنسا والولايات المتحدة الأمريكية، في آذار/ مارس 1949 في الوساطة بين الدول العربية المشاركة في حرب 1948 و"إسرائيل"[16].

واعترفت الحكومة التركية قانونياً بقيام "دولة إسرائيل" مع بداية سنة 1950، وتم تعيين الياهو ساسون Eliyahu Sasson كأول وزير مفوض لبلاده في تركيا[17]، وتم تبادل السفراء بين الدولتين سنة 1952[18].

وفي تلك الفترة وما بعدها أخذت تركيا توطد علاقاتها مع الغرب، إذ انضمت في سنة 1952 إلى حلف شمال الأطلسي North Atlantic Treaty Organization (NATO)[19].

وأخذ التعاون بين الأتراك والإسرائيليين ينمو بشكل تدريجي مع قيام "إسرائيل" بتوفير فرص العمل والتدريب التقني والاستخباري لوحدات الأمن والمخابرات التركية، حيث ظهر هذا التعاون الوثيق بين الطرفين ابتداء من مطلع الخمسينات، وبالتحديد بين جهازي الموساد الإسرائيلي والأمن التركي[20]، إذ وقع البلدان اتفاقيات أمنية في صيف 1951 مقابل تزويد "إسرائيل" تركيا بمعلومات عن منظمات المعارضة التركية، خاصة المنظمات الكردية والأرمنية، إضافة إلى النشاط اليوناني في منطقة البحر المتوسط[21].

وتطورت العلاقات بين تركيا و"إسرائيل" خلال خمسينيات القرن العشرين، حيث زار رئيس الوزراء الإسرائيلي ديفيد بن جوريون David Ben Gurion تركيا

سراً سنة 1957، والتقى نظيره التركي عدنان مندريس Adnan Menderes[22]، وطرح عليه فكرة إقامة حلف إقليمي، يرمي إلى تقوية التحالف الاستراتيجي والاستخباري والاقتصادي بين "إسرائيل"، وأثيوبيا، وإيران، وتركيا. وأشرف بن جوريون ووزيرة خارجيته غولدا مائير Golda Meir على تنفيذ هذه الفكرة بدعم وتشجيع من الرئيس الأمريكي دوايت ايزنهاور Dwight Eisenhower، وتم التوقيع على ميثاق معاهدة حزام المحيط The Peripheral Pact Treaty بين "إسرائيل"، وتركيا، وإثيوبيا، في آب/ أغسطس 1958[23].

ومنذ تلك الفترة استمرت العلاقات التركية – الإسرائيلية بالتحسن، في مختلف المجالات التجارية والاقتصادية والعسكرية والأمنية، وكانت تطرأ عليها في بعض الأحيان منحنيات صعود وهبوط وفقاً للظروف الإقليمية والدولية، التي كانت أهمها الأوضاع في المناطق الفلسطينية[24].

وشهدت العلاقة التركية – الإسرائيلية بعض التوتر بعد حدوث الأزمة التركية – القبرصية الأولى (1963-1964)، حيث اختارت "إسرائيل" صف اليونان، وبعد حرب 1967، حيث أيدت تركيا الموقف العربي من الحرب، وطالبت بضرورة الانسحاب الكامل من الأراضي العربية التي احتلتها "إسرائيل"[25]، كما صوتت تركيا في الأمم المتحدة ضد إلحاق شرقي القدس إدارياً بـ"إسرائيل"[26]، غير أنها عارضت في 1969/9/25 قرار منظمة المؤتمر الإسلامي الذي طالب بقطع العلاقات الدبلوماسية مع "إسرائيل"، وذلك رداً على إحراق المسجد الأقصى المبارك[27].

ولم تسمح تركيا للولايات المتحدة الأمريكية باستخدام قواعدها في حلف الأطلسي خلال حرب 1973 لتزويد "إسرائيل" بالسلاح، وسمحت للطائرات السوفييتية باستخدام مجالها الجوي في طريقها إلى مصر لتجديد مخزون سلاحها في أثناء الحرب[28].

كما صوتت تركيا في 1975/11/10 لمصلحة قرار الجمعية العامة للأمم المتحدة رقم 3379 الذي عرّف الصهيونية بأنها شكل من أشكال العنصرية والتمييز

العنصري[29]، واستقبلت وفداً من منظمة التحرير الفلسطينية في سنة 1976، واعترفت بها على أساس أنها الممثل الشرعي والوحيد للشعب الفلسطيني[30]، وسمحت بفتح مكتب دبلوماسي لمنظمة التحرير في سنة 1979[31].

وبدأت عقد الثمانينيات بتقلص النشاط الدبلوماسي التركي – الإسرائيلي حيث أغلقت تركيا قنصليتها بالقدس، وقامت بتخفيض مستوى التمثيل الدبلوماسي في سفارتها في تل أبيب من قائم أعمال إلى سكرتير ثان في 1980/8/28. وجاءت هاتان الخطوتان كرد فعل على قرار الكنيست Knesset في 1980/7/30 الذي اعتبر أن القدس الموحدة بكاملها هي عاصمة "إسرائيل". لكن العلاقات التركية – الإسرائيلية عادت إلى طبيعتها عقب الانقلاب العسكري في تركيا في 1980/9/12[32].

وبعد ذلك بدأت العلاقات التركية الإسرائيلية بتطور جذري بعد الانقلاب العسكري وتشكيل حكومة بزعامة تورجوت أوزال Turgut Özal[33]، وتميزت هذه المرحلة بسرعة وتيرتها، حيث كانت الزيارات بين الطرفين متلاحقة وذات طابع دبلوماسي وعسكري، ومن أبرز تلك الزيارات زيارة وفد إسرائيلي رفيع المستوى في آب/ أغسطس 1980 إلى أنقرة لإجراء محادثات بشأن التعاون بين البلدين، وزيارة أريل شارون Ariel Sharon، وزير الدفاع الإسرائيلي السابق، في سنة 1984، للتباحث بشأن رفع مستوى التمثيل الدبلوماسي بين الدولتين. كما قام وفد تركي غير رسمي، يضم أربعة نواب من حزب الشعب الجمهوري المعارض، بزيارة "إسرائيل" في أيلول/ سبتمبر 1984[34]. كما قررت تركيا رفع تمثيلها الدبلوماسي في تل أبيب من "سكرتير ثان إلى منصب مدير عام مفوض"[35]، وتم رفع التمثيل الدبلوماسي بين البلدين لمستوى السفراء في سنة 1991[36].

وتميزت الفترة بين سنتي 1991 و1996 بأنها مرحلة بناء العلاقات السياسية والاقتصادية والعسكرية بين تركيا و"إسرائيل"[37]، ففي 1994/1/24 وجه الرئيس التركي سليمان ديميريل Süleyman Demirel، دعوة رسمية لنظيره الإسرائيلي

عيزرا وايزمان Ezer Weizman لزيارة تركيا، الذي لبى الدعوة وزار أنقرة، ورافقه خلال الزيارة وفد كبير رفيع المستوى ضم نحو 72 شخصاً من كبار المستشارين. ثم جاءت زيارة وزير الخارجية الإسرائيلي شمعون بيريز Shimon Peres لأنقرة في 1994/4/10 مكملة لزيارة وايزمان، حيث التقى بالرئيس ديميريل، ورئيسة وزرائه تانسو تشيلر Tansu Çiller، ووزير خارجية تركيا حكمت جيتين Hikmet Çetin، وعدد أخر من الوزراء ورؤساء الأحزاب السياسية والجمعيات المختلفة[38].

ورداً على الزيارات المتكررة للمسؤولين الإسرائيليين لأنقرة، قامت رئيسة الوزراء التركية تشيلر بزيارة "إسرائيل" في تشرين الثاني/ نوفمبر 1994، وهي أول زيارة يقوم بها مسؤول تركي على مستوى رئيس الوزراء إلى "إسرائيل"[39]، كما اقترحت تشيلر في أثناء زيارتها لـ"إسرائيل" في سنة 1996 مجموعة من المشاريع الاقتصادية على المسؤولين الإسرائيليين[40]. كما قام الرئيس ديميريل في 1996/3/11 بأول زيارة لرئيس تركي إلى "إسرائيل"، وبصحبته وفد يضم 200 عضو[41].

وتطورت العلاقة التركية – الإسرائيلية سنة 1996 من خلال توقيع 22 اتفاقية عسكرية وسياسية واقتصادية، منها تدريب الطيارين والجنود الإسرائيليين في تركيا، وتحديث المقاتلات والدبابات التركية في "إسرائيل"[42]، إضافة إلى تبادل المعلومات الأمنية والاستخبارية، وحصول تركيا على صور أقمار التجسس الإسرائيلية والأميركية، وتحسنت هذه العلاقات لتشمل إقامة مراكز الإنذار والتنصت داخل الأراضي التركية للتجسس على إيران وسورية والعراق، وتواجد طائرات مقاتلة إسرائيلية على الأراضي التركية[43]. كما قامت تركيا بزيادة عدد الملحقين العسكريين الأتراك في سفارتها في "إسرائيل" من واحد إلى ثلاثة[44].

على الرغم من الميول الإسلامية لحزب العدالة والتنمية، الذي وصل إلى الحكم في تركيا نهاية تشرين الثاني/ نوفمبر سنة 2002، وسعي قادته إلى تعميق العلاقات مع الجانب الفلسطيني، إلا أن حكومة العدالة والتنمية لم تستطع أن تحيد عن سياسة

العلاقات الوثيقة بين أنقرة وتل أبيب. وعلى الرغم من أن علاقات الطرفين شهدت بعض البرود والاهتزازات، غير أن العلاقات بين تركيا و"إسرائيل" استمرت نشطة في كل المجالات الاقتصادية والاستثمارية والثقافية والعسكرية والأمنية[45].

وحظيت الزيارة التي قام بها وزير خارجية تركيا عبد الله غول إلى "إسرائيل" في أوائل سنة 2005 باهتمام استثنائي، فهي الزيارة الأولى لمسؤول تركي رفيع المستوى، منذ وصول حزب العدالة والتنمية إلى السلطة، إلى "إسرائيل"، وتأتي بعد رفض رئيس الحكومة رجب طيب أردوغان Recep Tayyip Erdoğan استقبال رئيس الحكومة الإسرائيلية أريل شارون، وبعد وصف أردوغان لممارسات شارون ضد الفلسطينيين بـ"إرهاب الدولة" غداة اغتيال مؤسس حركة حماس الشيخ أحمد ياسين، والقيادي في الحركة عبد العزيز الرنتيسي. ومع أن عناوين الزيارة تمحورت حول استعداد تركيا للقيام بوساطة في عملية السلام بين سورية والفلسطينيين من جهة و"إسرائيل" من جهة ثانية، إلا أن الغاية الأساسية من الزيارة كانت إعادة ترميم العلاقات بين البلدين[46].

وفي 2005/5/1 قام رئيس الوزراء التركي رجب طيب أردوغان بزيارة إلى "إسرائيل" هي الأولى له منذ وصوله إلى رئاسة الحكومة. وأُعلن أن زيارته تهدف إلى تحسين العلاقات بين بلاده و"إسرائيل" والمشاركة في جهود السلام، كما كان البعد الاقتصادي في الزيارة واضحاً، إذ صحب أردوغان وفد كبير من الوزراء وكبار الموظفين ورجال الأعمال، وأشار مسؤول رفيع المستوى في وزارة الخارجية الإسرائيلية إلى أن "تشكيلة الوفد التركي تدل على أهمية الشق الاقتصادي في اللقاءات الثنائية"[47].

واستقبلت "إسرائيل" بحفاوة واضحة أردوغان، وقال وزير الخارجية الإسرائيلي سيلفان شالوم Silvan Shalom إن "هذه الزيارة تظهر واقع أن البلدين يقيمان علاقات مستقرة تكاد تكون حميمة". ورأى شالوم أن "تركيا يمكنها أن تشكل جسراً بين إسرائيل والدول العربية"، ما يؤكد على حد تعبيره بأن "الإسلام المعتدل قادر تماماً على إقامة حوار مع إسرائيل"[48].

16

وقالت صحيفة هآرتس Haartez الإسرائيلية إن زيارة أردوغان، تعدّ نجاحاً للدبلوماسية الإسرائيلية بعد شبه قطيعة دامت أكثر من سنة، على خلفية اغتيال الشيخ أحمد ياسين، وعبد العزيز الرنتيسي [49].

واستمرت العلاقات التركية – الإسرائيلية في التعاون والتقدم حتى وصل الأمر إلى محاولة تركيا تقريب وجهات النظر بين دول إسلامية وبين "إسرائيل"، ومن ذلك الدور الذي لعبته تركيا في ترتيب لقاء بين وزيري الخارجية الباكستاني خورشيد قاصوري Khurshid Kasuri والإسرائيلي سيلفان شالوم في أيلول/ سبتمبر 2005 [50].

2. على المستوى العسكري:

يعدّ التعاون العسكري والأمني من أهم مجالات التعاون والتحالف العسكري التركي – الإسرائيلي، وتعدّ الاتفاقية العسكرية بين البلدين أكبر اتفاقية عسكرية في المنطقة، فهي بين بلدين يملكان أكبر جيشين في المنطقة من حيث العدة والعتاد والتطور [51].

ففي نيسان/ أبريل 1956 أرسلت تركيا 25 طائرة عسكرية من طراز داكوتا Dakota إلى "إسرائيل" بغرض إصلاحها. وفي سنة 1958 أقامت "إسرائيل" وتركيا تحالفاً عسكرياً تحت ما سمي "الاتفاق الطارئ"، في أعقاب قيام الوحدة بين مصر وسورية، وتضمن بنوداً للتعاون العسكري، وتبادل المعلومات، والتدريب المشترك، ومساهمة الإسرائيليين ببناء بعض المطارات التركية. وفي السنة نفسها، وقعت اتفاقية للتعاون الأمني بين "إسرائيل" وتركيا وإيران، سميت "الرمح الثلاثي" نصت على تبادل المعلومات الأمنية، وعقد اجتماعات دورية بين رؤساء الأجهزة الاستخباراتية الثلاث، وبموجبها أسس جهاز الموساد الإسرائيلي مركزاً استخبارياً في تركيا مقابل التقنية الاستخباراتية التي قدمتها تركيا [52].

واستمرت تلك العلاقة خلال ستينيات القرن العشرين على حالها؛ وفي سبعينيات القرن العشرين أخذت "إسرائيل" تزود تركيا بالأسلحة، كما عينت تركيا مستشاراً

17

عسكرياً لها في "إسرائيل" بهدف توطيد علاقتهما العسكرية[53]. كما اتفق الجانبان على تعزيز التعاون الأمني لمراقبة الوضع في لبنان[54].

وتم بين البلدين تعاون أمني استخباراتي بعد الاجتياح الإسرائيلي للبنان سنة 1982، لمراقبة الأوضاع في لبنان؛ حيث قدمت "إسرائيل" لتركيا وثائق سرية تشير لوجود تعاون عسكري بين منظمة التحرير الفلسطينية ومنظمات تركية يسارية وأرمنية وكردية، بالإضافة إلى تسليمها لتركيا ناشطين أتراكاً موجودين في مخيمات فلسطينية داخل لبنان[55]. ووقعت اتفاقية عسكرية محدودة بين سلاحي الجو التركي والإسرائيلي في سنة 1989، بهدف التعاون في مجال التدريب وتبادل المعلومات العسكرية[56].

وسمحت تركيا لـ"إسرائيل" في سنة 1990 بإنشاء محطات للتجسس الأمني والاستخباري على الدول المجاورة وبخاصة العراق وسورية وإيران. وفي أثناء أزمة الخليج سنة 1991 سمحت تركيا للطائرات الإسرائيلية باستخدام مطاراتها العسكرية لأغراض التجسس على العراق[57].

وفي نيسان/ أبريل 1992 تم التوقيع على وثيقة بشأن مبادئ للتعاون بين وزارة الدفاع التركية ووزارة الحرب الإسرائيلية. وقامت الدولتان في تشرين الأول/ أكتوبر 1993 بتوقيع مذكرة تفاهم لإنشاء لجان مشتركة لكبار المسؤولين للتعاون في مجال جمع المعلومات الاستخبارية عن سوريا وإيران والعراق، وتعزيز قدراتهما العسكرية في وجه البلدان الثلاثة[58].

وتوج التعاون التركي – الإسرائيلي في المجالات الأمنية والعسكرية، وتبادل المعلومات بزيارة رئيسة الوزراء التركية تانسو تشلر في تشرين الثاني/ نوفمبر 1994، حيث أفضت هذه الزيارة لعدة اتفاقيات بين البلدين، ومهدت لتوقيع اتفاقية التعاون الاستراتيجي في 1996/2/23[59]، إبان زيارة نائب رئيس الأركان التركي تشفيك بير Çevik Bir لـ"إسرائيل"، ولم يتم الإعلان عن هذا الاتفاق إلا بعد زيارة الرئيس ديميريل لـ"إسرائيل" في آذار/ مارس 1996[60]، وقد اشتمل هذا الاتفاق على عدة بنود أهمها:

أ. قيام "إسرائيل" بتحديث وتطوير مقاتلات تركية من طراز إف-4 فانتوم F-4 Phantom.

ب. السماح للطائرات الإسرائيلية بالقيام بطلعات تدريبية في سماء تركيا لمدة أسبوع أربع مرات سنوياً.

ج. إنشاء منتدى أمني للحوار الاستراتيجي بين البلدين ليشمل نشاطه مجالات استخباراتية واستقبال السفن الحربية لكل من البلدين في موانئ البلد الآخر.

د. إقامة "إسرائيل" أجهزة تنصت في تركيا لرصد أي تحركات في سورية وإيران، وجمع المعلومات عنهما، واستخدام الأفلام الوثائقية لكل دولة.

هـ. تقديم "إسرائيل" للقيادة التركية صوراً للأقمار الاصطناعية التجسسية لتكون في تصرف الجيش التركي في مواجهة الأكراد في شمال العراق وشرق الأناضول.

و. منح أنقرة "إسرائيل" جزءاً من قاعدة أنجرليك الجوية Incirlik Air Base التركية لتتصرف بها كما تشاء[61].

وعلى الرغم من تعهد نجم الدين أربكان في 1996/5/22 بأن حزبه، حزب الرفاه، سيتصدى للاتفاق العسكري مع "إسرائيل" في البرلمان، لم تقم حكومته بإلغاء أو إعادة النظر في الاتفاق، بل إنها أبرمت تحت ضغط الجيش التركي اتفاقاً ثانياً مع "إسرائيل" في 1996/8/28 يتعلق بتحديث الأخيرة لطائرات الفانتوم التركية، واتفاقاً ثالثاً في 1996/12/1 بشأن المشروع نفسه وتنظيم تدريبات ومناورات مشتركة، وباتفاق رابع في 1997/4/8 بشأن خطة "تقدير مخاطر إيران وسورية على البلدين"، وتم توقيع اتفاقات أخرى عدة بشأن مشروعات التصنيع العسكري[62].

واستمرت وتيرة العلاقات العسكرية الإسرائيلية – التركية بالتطور والتوسع في شتى المجالات. فعلى صعيد الزيارات العسكرية بين البلدين قام طرخان طيان Turhan Tayan، وزير الدفاع التركي، بزيارة "إسرائيل" تعدّ الأولى من نوعها، وذلك في الفترة 1997/4/3 و1997/5/2، اجتمع خلالها مع الرئيس الإسرائيلي عيزرا وايزمان، ورئيس الحكومة بنيامين نتنياهو Benjamin Netanyahu، ونظيره الإسرائيلي

إسحاق مردخاي Yitzhak Mordechai، تناولت المباحثات بين الطرفين شؤون التعاون العسكري بينهما. وأعقبها زيارة قام بها نائب رئيس هيئة الأركان التركي تشفيك بير إلى "إسرائيل" يرافقه وفد يضم 24 عسكرياً. وفي المقابل قام وزير الدفاع الإسرائيلي إسحاق مردخاي بزيارة تركيا في 1997/12/9 اجتمع خلالها مع رئيس الحكومة التركية مسعود يلماز Mesut Yilmaz، ومع قادة الجيش التركي، وترافق ذلك مع قيام المدير العام لوزارة الدفاع الإسرائيلية ايلان بيران Elan Biran بالتباحث مع قادة الجيش التركي حول موضوعات التعاون العسكري والأمني بينهما. وقام المرشح لرئاسة هيئة الأركان الإسرائيلية شاؤول موفاز Shaul Mofaz بزيارة تركيا في 1998/6/17، واجتمع مع كبار جنرالات الجيش[63].

ومن أبرز خطوات البلدين لدعم التعاون بين القوات البحرية والجوية والمناورات الإسرائيلية التركية، إجراء مناورات بحرية وجوية مشتركة وأكبرها على الصعيد الثنائي مناورات "ذئب البحر 1997" وجرت منذ بداية وحتى نهاية حزيران/ يونيو 1997[64].

كما أسهم التعاون الاستخباراتي الإسرائيلي – التركي في إلقاء القبض على زعيم حزب العمال الكردستاني عبد الله أوجلان في كينيا سنة 1999[65].

وفي سنة 2002 وقعت تركيا مع "إسرائيل" عقداً بقيمة 668 مليون دولار لتحسين 170 دبابة من طراز إم-60[66]. واشترت تركيا في نيسان/ أبريل 2005 من "إسرائيل" ثلاث طائرات من دون طيار، واشترت نظم محطات أرضية من شركة الصناعات الجوية الإسرائيلية (صناعات الطيران الإسرائيلية) بتكلفة 183 مليون دولار، وبموجب الاتفاق حصلت تركيا على عشر محطات أرضية، ولكل منها ثلاث طائرات أو أربع[67].

كما بحث رئيس الوزراء التركي رجب طيب أردوغان، خلال زيارته إلى "إسرائيل" في 2005/5/1، مع المسؤولين الإسرائيليين في صفقة عسكرية يصل حجمها إلى نحو نصف مليار دولار، وتتمحور الصفقة حول قيام الصناعات العسكرية الإسرائيلية بتطوير وتحسين قرابة 30 طائرة حربية من طراز إف-4 فانتوم، تابعة لسلاح الجو التركي[68].

20

وبحث وزير الدفاع التركي محمد وجدي غونول Mohammad Wajdi Ghonol (Vecdi Gönül)، خلال زيارته تل أبيب في شهر أيار/ مايو 2005، مع الإسرائيليين في خطط تطوير الطائرات الحربية التركية، وتزويد أنقرة بطائرات من دون طيار بعيدة المدى. ووصف مدير وزارة الدفاع الإسرائيلية عاموس يارون Amos Yaron العلاقات بين مؤسستي الدفاع في الدولتين بأنها ممتازة. وقال المتحدث باسم صناعة الطائرات الإسرائيلية دورون سوسليك Doron Soslik إن تركيا مهتمة بتطوير طائرات إف-4، وأشار إلى أن أنقرة هي ثاني أكبر زبون عسكري بعد الهند[69].

وواصلت حكومة العدالة والتنمية خلال سنة 2006 الالتزام بالاتفاقيات العسكرية الموقعة مع "إسرائيل"، كما حضرت الاجتماعات الأمنية الثنائية أو المتعددة بمشاركة أمريكا وبريطانيا وغيرهما[70].

وفي 2007/9/6 قامت الطائرات الإسرائيلية بغارة على منشأة سورية في دير الزور، يُعتقد أنها منشأة نووية، مستخدمة المجال الجوي التركي ذهاباً وإياباً في طريقها إلى الموقع المستهدف. وقد ألقت الطائرات الإسرائيلية خزاني وقود داخل الأراضي التركية. وقدمت "إسرائيل" لاحقاً اعتذاراً عن انتهاك الطائرات الإسرائيلية المجال الجوي التركي. وفي 2007/11/6 رأى الرئيس التركي عبد الله غول أن المسألة "انتهت" وأن تركيا لم تكن على علم مسبق بالانتهاك الليلي للطائرات الإسرائيلية. ولا شكّ أن هذه العملية أثارت من جديد طبيعة التعاون العسكري بين تركيا و"إسرائيل" وحدوده، لا سيما أن الطرفين يجريان من وقت لآخر مناورات جوية وبرية مشتركة في قلب الأناضول؛ مما يسهّل على الطائرات الإسرائيلية استخدام الأراضي التركية في أي عدوان على سورية[71].

وخلال سنة 2008 تواصل التعاون العسكري بين البلدين في أكثر من مجال. فقد تعددت زيارات المسؤولين العسكريين المتبادلة سواء على مستوى وزير الدفاع أم على مستوى القوات الجوية والبحرية. كما أجريت مناورات عسكرية جوية وبحرية

مشتركة مع "إسرائيل" وبمشاركة الولايات المتحدة. واستمر التعاون الاستخباراتي بين تركيا و"إسرائيل" بشأن الأكراد. وسعت تركيا إلى شراء طائرات من دون طيار من طراز هيرون Heron، وقد تعددت المحادثات من أجل ذلك الاختبار، علماً أن إحداها قد سقطت في أثناء تجربتها في تركيا لتسويقها وبيعها في الشهر الأخير من سنة 2008[72].

وكان هناك عوامل دفعت باتجاه تعزيز العلاقات بين تركيا و"إسرائيل" في سنة 2008، كان أبرزها انفجار الصراع بشكل عنيف بين القوات التركية وحزب العمال الكردستاني. وهنا تشعر تركيا بالحاجة إلى "إسرائيل" كمصدر لبعض المعدات العسكرية المهمة؛ لرصد حركة المقاتلين الأكراد، ومن ذلك الحاجة لطائرات تجسس من دون طيار، التي تنتجها "إسرائيل"، والمناظير الليلية، والمعلومات الاستخباراتية[73].

وتوترت العلاقات التركية الإسرائيلية خلال سنة 2009 عقب العدوان الإسرائيلي على قطاع غزة، وبعد إجراء تركيا مناورات عسكرية مع سورية للمرة الأولى في تاريخ العلاقات بينهما في نهاية شهر نيسان/ أبريل 2009. وتولى رئيس الأركان التركي إلكر باشبوغ بنفسه مهمة الرد على تصريحات لمسؤولين وباحثين إسرائيليين، عبّروا عن انزعاجهم وقلقهم من المناورات العسكرية المشتركة بين تركيا وسورية. ففي مؤتمر صحفي شامل عقده في 2009/4/28 تطرق باشبوغ إلى الانتقادات الإسرائيلية، قائلاً إنها "لا تعنيه"، وإن المناورات مع سورية شأن خاص بتركيا ولا علاقة لأحد به[74].

ووصل التوتر بين تركيا و"إسرائيل" إلى ذروته مع إعلان تركيا إلغاء مشاركة "إسرائيل" في مناورات نسر الأناضول Anatolian Eagle exercise في 2009/10/8[75]. وربط أحمد داود أوغلو Ahmet Davutoglu، وزير الخارجية التركي، إلغاء المناورات بالوضع في غزة، حيث قال في مقابلة خاصة مع شبكة سي إن إن CNN الأمريكية، إن بلاده منعت مشاركة "إسرائيل" في مناورات عسكرية لحلف شمال الأطلسي بسبب العدوان الإسرائيلي على غزة (2008-2009)[76]. وقال

أردوغان إن تركيا منعت "إسرائيل" من المشاركة في المناورات العسكرية بسبب قلق الرأي العام التركي بشأن العدوان الإسرائيلي على قطاع غزة[77].

وخلال الزيارة التي قام بها إيهود باراك Ehud Barak، وزير الدفاع الإسرائيلي، إلى أنقرة، في كانون الثاني/ يناير 2010، كشف مصدر مرافق له أن هناك 60 معاهدة سارية المفعول للتعاون المشترك في قضايا الأمن والعسكر. وقال المصدر إن هذه المعاهدات كانت في حالة خطر بسبب تأزم العلاقات السياسية بين "إسرائيل" وتركيا، وأشار إلى أنه وبعد زيارة باراك، اتفق الجانبان على الاستمرار في تفعيل هذه المعاهدات وتوسيع نطاقها[78].

3. على المستوى الاقتصادي:

حافظت تركيا على سرية تحسين علاقاتها مع الكيان الإسرائيلي منذ اعترافها به سنة 1949، وذلك حفاظاً على علاقتها مع الدول العربية وخاصة في الجانب الاقتصادي، إذ إن هذه العلاقات كانت تجري في إطار من السرية، وقطعت شوطاً لا بأس به[79]. وظهر في فترة الخمسينيات من القرن العشرين مدى اهتمام المسؤولين في تركيا و"إسرائيل" بتعزيز العلاقات بينهما، وخاصة في المجالين الاقتصادي والتجاري؛ فقد أدلى القنصل الإسرائيلي في اسطنبول بتصريح في 1954/12/24 تحدث فيه عن زيادة التبادل التجاري بين البلدين من 13 مليون ليرة تركية (حوالي 4.65 مليون دولار)[80] سنة 1952 إلى 65 مليون ليرة تركية (حوالي 23.2 مليون دولار) سنة 1953، وفي سنة 1955 صدّرت تركيا إلى "إسرائيل" 50 ألف طن من القمح، واستوردت منها صفقة سكر تبلغ قيمتها 871.360 ألف ليرة تركية (حوالي 311.2 ألف دولار)[81].

وبدأت علاقات التبادل التجاري بين تركيا و"إسرائيل" فعلياً بالتحسن سنة 1960 حيث بلغت الصادرات الإسرائيلية إلى تركيا 8.9 مليون دولار، وبلغت الواردات الإسرائيلية من تركيا 7.7 مليون دولار[82]. وفي سنة 1970 بلغت الصادرات الإسرائيلية إلى تركيا 2.6 مليون دولار، وبلغت الواردات الإسرائيلية من تركيا 3.7 مليون دولار[83]. وازدادت التجارة الثنائية حيث قاربت 54 مليون دولار سنة 1987[84].

وفي تسعينيات القرن العشرين، ومع توقيع اتفاقية أوسلو سنة 1993، وصل حجم التبادل التجاري بين تركيا و"إسرائيل" إلى 200 مليون دولار[85]، كما تم التوقيع على اتفاق التجارة الحرة بين البلدين في آذار/ مارس 1996، والذي أقره الكنيست في السنة نفسها، بينما أقره البرلمان التركي في 1997/4/4. وينص هذا الاتفاق على إعفاء السلع المتبادلة بين البلدين من الضرائب والرسوم الجمركية، وزيادة حجم التجارة بينهما خلال ثلاث سنوات من توقيع الاتفاقية إلى ملياري دولار سنوياً، مقارنة بـ 448 مليون دولار سنة 1996، كان منها 196 مليوناً قيمة صادرات تركيا إلى "إسرائيل"، و252 مليوناً قيمة وارداتها منها، وينص أيضاً على مواءمة تجارة تركيا مع "إسرائيل" مع تعهدات الأولى للاتحاد الأوروبي بموجب اتفاق الاتحاد الجمركي، ويتيح لتركيا فرصة زيادة تجارتها مع الولايات المتحدة الأمريكية وكندا وأمريكا الوسطى عبر "إسرائيل" التي تربطها بها علاقات تجارة تفضيلية[86]، كذلك تمنح "إسرائيل" لتركيا جزءاً من حصتها في أسواق الولايات المتحدة في مجال صناعة النسيج وهي نسبة 35% بعد أن تعمد الشركات الإسرائيلية إلى تصنيع الأنسجة في تركيا من أجل تصديرها إلى الولايات المتحدة[87]. وأعلن رئيس الحكومة التركية مسعود يلماز في 1997/7/18 بدء تنفيذ الاتفاق[88].

وفي 1997/4/9 تم التوقيع على اتفاق النقل البري بين البلدين، حيث وقعه السفير الإسرائيلي في تركيا غابي ليفي Gabby Levy ونائبة رئيس الوزراء وزيرة الخارجية التركية تانسو تشيلر في أنقرة، على أن يتم تنفيذه في حالة "تطبيع العلاقات في الشرق الأوسط" نظراً لوقوع سورية بين البلدين. كما تم توقيع اتفاق بيع المياه، حيث بحث ليفي خلال زيارته لتركيا في 8-1997/4/9 مشروعاً تركياً لبيع فائض مياه أحد أنهارها، وهو نهر منفجات Manavgat River، لـ"إسرائيل"[89]، وهذا المشروع يتلخص في إقامة محطة بمنطقة شلالات منفجات على ساحل البحر الأبيض المتوسط لجمع المياه بكمية 50 مليون طن سنوياً، تمثل 3.8% من حاجة تل أبيب السنوية، قبل انحدارها نحو البحر، ثم تخزينها وضخها في أنابيب برية عبر الأراضي السورية، ثم دخول

الأنبوب، تسميه بعض وسائل الإعلام التركية بأنبوب السلام، لشمال لبنان أو شمال شرق الأردن وبعدها الأراضي الفلسطينية، أو نقلها بالناقلات البحرية للساحل الإسرائيلي حال استمرار الاحتلال للأراضي السورية، وعدم توقيع اتفاقية سلام بين سورية و"إسرائيل"[90]. وكشف رئيس حزب السعادة الإسلامي التركي رجائي قوطان Recai Kutan سنة 2005 أنه تم الاتفاق بين تركيا و"إسرائيل" على بيع مياه نهر منفجات التركي لـ"إسرائيل" بشكل نهائي خلال الزيارة التي قام بها رئيس الوزراء التركي رجب طيب أردوغان لـ"إسرائيل"[91].

شهدت العلاقات التركية ــ الإسرائيلية توتراً وفتوراً منذ أن اتهم رئيس الوزراء بولنت أجاويد Bülent Ecevit "إسرائيل" بالقيام بمجازر جماعية وعرقية ضد الشعب الفلسطيني خلال أحداث مخيم جنين سنة 2002، وبعد وصف رفض رئيس الوزراء رجب طيب أردوغان ممارسات أريل شارون ضد الفلسطينيين بـ"إرهاب الدولة"، لكن ذلك لم يمنع من ازدهار التجارة الثنائية بين البلدين حيث وصلت إلى 2 مليار دولار سنة 2004، ما عدا مبيعات الأسلحة[92].

وفي الأول من أيار/ مايو 2005 قام أردوغان بزيارة ذات بعد اقتصادي إلى "إسرائيل"، وهي الأولى له منذ وصوله إلى السلطة، حيث صحب معه أكثر من مئة من رجال الأعمال الأتراك[93].

وفي سنة 2006 برزت تركيا كأكبر شريك تجاري لـ"إسرائيل" في العالم الإسلامي، فقد استوردت من "إسرائيل" ما قيمته 859.3 مليون دولار سنة 2006 مقارنة بـ 903.2 ملايين دولار سنة 2005، وصدّرت إلى "إسرائيل" ما قيمته ملياراً و272 مليوناً و700 ألف دولار سنة 2006 مقابل مليار و221 مليوناً و100 ألف دولار سنة 2005[94].

وفي سنة 2007 بقيت تركيا، تتصدر قائمة الدول الإسلامية التي لها علاقات اقتصادية مع "إسرائيل"؛ حيث سجلت سنة 2007 ارتفاعاً ملحوظاً في قيمة التبادل التجاري بين البلدين؛ فقد بلغت قيمة الصادرات الإسرائيلية إلى تركيا

خلال سنة 2007 ما مجموعه ملياراً و221.9 مليون دولار، و بلغت قيمة الواردات الإسرائيلية من تركيا في سنة 2007 ما مجموعه ملياراً و606.9 مليون دولار[95].

وقد ذكر رئيس الوزراء الإسرائيلي إيهود أولمرت Ehud Olmert أنه في سنة 2007 يريد زيادة حجم التبادل التجاري بين تركيا و"إسرائيل"، البالغ حوالي المليارين و830 مليون دولار. كما ذكر أن حوالي 152 شركة إسرائيلية تعمل في تركيا، وتضخّ مليارات الدولارات للناتج القومي التركي[96].

وعلى صعيد اقتصادي آخر، دخلت بعض الجهات والشركات الإسرائيلية على خطّ شراء بعض المؤسسات التركية في إطار عمليات الخصخصة التي أجريت سنة 2008. وارتفع حجم العلاقات التجارية بين تركيا و"إسرائيل" في سنة 2008 عنه في سنة 2007، إذ بلغت الصادرات التركية إلى "إسرائيل" سنة 2008 حوالي 1.83 مليار دولار مقارنة بنحو 1.61 مليار دولار سنة 2007، أي بزيادة قدرها 13.6%. فيما بلغت الواردات التركية من "إسرائيل" سنة 2008 حوالي 1.62 مليار دولار مقارنة بنحو 1.2 مليار دولار سنة 2007، أي بزيادة قدرها 35.1%[97]. وفي سنة 2008 بلغ عدد الشركات التركية داخل الأراضي الفلسطينية المحتلة سنة 1948 أكثر من 580 شركة[98].

وربما كان اتفاق تركيا و"إسرائيل" على إنشاء خط أنابيب من ميناء جيحان Ceyhan إلى ميناء عسقلان Ashkelon داخل الأراضي الفلسطينية المحتلة من أبرز التطورات الاقتصادية، ذات البعد السياسي، في العلاقات بين تركيا و"إسرائيل" لسنة 2008[99]. وكان وزيرا طاقة البلدين قد وقّعا في 2006/12/15 على اتفاقية خط أنابيب جيحان – عسقلان لنقل النفط والغاز الطبيعي[100] والكهرباء والمياه إلى "إسرائيل"، وسيتصل بعد ذلك بالخط الموجود بين عسقلان وإيلات Eilat، ومن ثم يخطط لأن ينقل الخط هذه المواد عبر حاويات بحرية إلى الهند، وكذلك إلى بلدان شرق آسيا. وتمّ الاتفاق على إعداد تصور شامل لهذا الموضوع، والذي وصف بأنه "مشروع

القرن"، في أثناء زيارة وزير البنى التحتية الإسرائيلي بنيامين بن إليعازر Binyamin Ben-Eliezer إلى تركيا، واجتماعه مع نظيره التركي حلمي غولير Hilmi Güler في 2008/8/16[101].

وذكر غولير أن "الخط المقترح ليس خطاً ذا بعد اقتصادي فقط، بل هو إسهام مهم في الاستقرار والسلام في المنطقة، فالمواد التي ينقلها هي مما تحتاجه المنطقة، فإذا نجحنا في هذا الموضوع نكون نحن وإسرائيل ساهمنا بقوة في التنمية والاستقرار والسعادة في المنطقة. هذا ليس مشروعاً ثنائياً مع إسرائيل فقط، بل متعدد الأطراف". وتبلغ طاقة نقل الخط من النفط حوالي 40 مليون طن سنوياً، فيما تقدر الكلفة بستة مليارات دولار[102].

وعلى أثر العدوان الإسرائيلي على قطاع غزة 2008-2009، وبسبب الأزمة الاقتصادية العالمية، شهدت سنة 2009 تراجعاً ملحوظاً في حجم التبادل التجاري بين الدول الإسلامية غير العربية و"إسرائيل"؛ فمن خلال مراجعة أرقام الصادرات والواردات الإسرائيلية لسنة 2009، تبين أن قيمة الصادرات الإسرائيلية إلى تركيا قد بلغت نحو 1,073 مليون دولار مسجلة تراجعاً بنسبة بلغت حوالي 33% عن سنة 2008. ومن الملاحظ أن نسبة التراجع في الصادرات الإسرائيلية إلى تركيا أعلى من نسبة التراجع العام في الصادرات الإسرائيلية لسنة 2009، والذي سجل تراجعاً بنسبة 22% عن سنة 2008. وكذلك تراجعت قيمة الواردات الإسرائيلية من تركيا من نحو 1,825 مليون دولار في سنة 2008 إلى 1,388 مليون دولار في سنة 2009، مسجلة تراجعاً مقداره 24%[103].

ويمكن القول إنه على الرغم من التوتر الكبير الذي ساد العلاقات التركية – الإسرائيلية في نهاية سنة 2008 ومطلع سنة 2009؛ فإن العلاقات الاقتصادية ستستمر على مستوى مرتفع نسبياً، نظراً للطبيعة المركبة لهذه العلاقة، ونظراً لحاجة كل منهما للآخر في العديد من الملفات الموروثة، ولا سيما أن "إسرائيل" لا يمكن أن تفرّط

بخسارة بلد مسلم كبير مثل تركيا، مهما كانت سلبية المواقف التي يمكن أن تتخذها السلطة في تركيا من "إسرائيل"[104].

جدول (1): حجم التجارة الإسرائيلية مع تركيا في الفترة 1960-2009 (بالمليون دولار)[105]

السنة	الصادرات الإسرائيلية إلى تركيا	الواردات الإسرائيلية من تركيا	المجموع
1960	8.9	7.7	**16.6**
1970	2.6	3.7	**6.3**
1980	37.8	7.9	**45.7**
1990	88.7	36.2	**124.9**
1995	184.3	262	**446.3**
2000	450	750	**1,200**
2002	383.1	813.7	**1,196.8**
2003	470.3	951.5	**1,421.8**
2004	813.5	1,166.9	**1,980.4**
2005	903.2	1,221.1	**2,124.3**
2006	821.2	1,272.7	**2,093.9**
2007	1,195.8	1,606.9	**2,802.7**
2008	1,609.9	1,825.3	**3,435.2**
2009	1,072.7	1,387.7	**2,460.4**

لقد كان للسياحة دور مهم في العلاقة التركية – الإسرائيلية إذ سافر 3,298,000 سائح إسرائيلي إلى تركيا بين سنتي 1990 و2004، وهو رقم مؤثر، باعتبار أن عدد سكان "إسرائيل" أقل من 7 ملايين، وصرفوا ما يقارب 2,4 مليار دولار[106]. وأخذ عدد السياح يرتفع بوتيرة متسارعة حتى سنة 2007. وعلى أثر الهجوم العسكري الإسرائيلي على قطاع غزة في نهاية 2008 تراجع عدد السياح الإسرائيليين في تركيا من 558,183 سنة 2008 إلى 311,582 سنة 2009[107].

وفي سنة 2009 ترك التوتر في العلاقات التركية – الإسرائيلية أثره ولا سيّما على السياحة الإسرائيلية في تركيا. وقد تحدَّث السفير الإسرائيلي في تركيا غابي ليفي عن

أن العلاقات بين البلدين تبرد وتتراجع. وأعطى ليفي أرقاماً مهمة عن مدى هذا التراجع، بقوله إن الرحلات الجوية الإسرائيلية إلى تركيا من "إسرائيل" كانت تقارب العشر رحلات أسبوعياً فيما الآن (شباط/ فبراير 2009) تبلغ بالكاد رحلة أو اثنتين. كذلك كان عدد السائحين الإسرائيليين في تركيا خلال أشهر الشتاء والربيع يتجاوز الـ 150 ألفاً، فيما الآن عددٌ قليل جداً يكاد يكون صفراً. ويقول ليفي إنه على الرغم من أن المؤسسات السياحية التركية تقدم عروضاً خيالية للسائحين الإسرائيليين، فإنهم لا يتجرؤون على القدوم إلى تركيا. ويقول ليفي إنه يمكن القول إن السياحة الشتوية بين "إسرائيل" وتركيا قد ماتت تماماً. ويرى ليفي أن عدم قدوم السائحين الإسرائيليين سببه تعاظم النزعة المعادية للسامية واليهود في تركيا وسط الناس، وفي وسائل الإعلام. ويرى أن حادثة مباراة كرة السلة بين فريق إسرائيلي وآخر تركي في أنقرة، والتي لم تجر بسبب غضب الجمهور التركي وهروب اللاعبين الإسرائيليين من أرض الملعب، كانت مؤثرة جداً في إحداث الصدمة الأكبر، وعدم جرأة الإسرائيليين على القدوم إلى تركيا للسياحة[108].

ويشير الجدول التالي إلى أعداد السياح والوافدين الإسرائيليين إلى تركيا في الفترة 1999-2009:

جدول (2): أعداد السياح والوافدين الإسرائيليين إلى تركيا في الفترة 1999-2009[109]

السنة	1999	2000	2001	2002	2003	2004
العدد	196,827	312,301	310,714	270,262	321,096	299,944

السنة	2005	2006	2007	2008	2009
العدد	393,805	362,791	511,535	558,183	311,582

وسجلت حركة السياحة الإسرائيلية إلى تركيا في حزيران/ يونيو 2010 هبوطا حاداً بلغت نسبته حوالي 90% وذلك بسبب الهجوم الإسرائيلي على أسطول الحرية Gaza Freedom Flotilla لكسر حصار غزة الذي قتل خلاله تسعة أتراك. حيث هبط

عدد السياح الإسرائيليين في تركيا من 27,289 في حزيران/ يونيو 2009 إلى 2,605 في الشهر نفسه سنة 2010 مسجلاً انخفاضاً بنسبة 90.45% وفقاً للإحصائيات التي نشرتها وزارة السياحة التركية في 2010/8/5. وخلال الأشهر الستة الأولى من سنة 2010 كانت نسبة الانخفاض 17.9% مع هبوط عدد السياح من 91,450 إلى 75,001. وكان المكتب الإسرائيلي لمكافحة الإرهاب قد دعا السياح الإسرائيليين إلى عدم التوجه إلى تركيا حرصاً على سلامتهم بعد الهجوم الإسرائيلي على أسطول الحرية في 2010/5/31، ورفع التحذير في 2010/7/21[110].

أما فيما يتعلق بحركة السياح الأتراك الوافدين إلى "إسرائيل" فقد بلغ عددهم حوالي 7,600 وافد في سنة 1980، وحوالي 6,100 وافد في سنة 1990. وأخذت أعداد الوافدين تتزايد بوتيرة سريعة حتى سنة 2008 حيث بلغ عددهم حوالي 17,252 وافد. ورغم العدوان الإسرائيلي على قطاع غزة 2008-2009، فإن الانخفاض الحاصل في أعداد الوافدين من تركيا إلى "إسرائيل" كان ضئيلاً، حيث بلغ عددهم في سنة 2009 حوالي 14,139 وافد.

جدول (3): أعداد السياح والوافدين الأتراك إلى "إسرائيل" في الفترة 1980-2009[111]

السنة	1980	1985	1990	1994	1995	2002	2003
العدد	7,600	4,600	6,100	8,900	11,800	11,956	13,068
السنة	2004	2005	2006	2007	2008	2009	
العدد	13,784	15,699	15,653	14,229	17,252	14,139	

ثالثاً: القضية الفلسطينية ودور تركيا الجديد

1. وصول حزب العدالة والتنمية إلى الحكم وتحول السياسة التركية شرقاً:

بدأت انعطافة تركيا نحو توطيد العلاقة مع الدول العربية والإسلامية في النصف الثاني من سنة 1996، حيث دعت تركيا إلى تكوين مجموعة الثمانية الإسلامية، وذلك إبان تولي حزب الرفاه الإسلامي مقاليد السلطة، بقيادة نجم الدين أربكان. وهدفت المجموعة إلى أن تضم كبرى الدول الإسلامية من قارتي إفريقيا وآسيا من حيث عدد السكان والإمكانيات الاقتصادية[112].

وفي 1997/6/15 عقد في اسطنبول اللقاء التأسيسي للمجموعة الاقتصادية لأكبر ثمان دول إسلامية يزيد عدد سكانها عن 800 مليون نسمة[113]، ضمت المجموعة كلا من مصر، وتركيا، وإندونيسيا، وبنجلاديش، وإيران، وباكستان، وماليزيا، ونيجيريا. ولكن بعد خروج حزب الرفاه الإسلامي من السلطة، أخذت تركيا منحنى آخر كاد أن يعصف بالمجموعة، نظراً للتوجه العلماني لكل من الجيش وحزب الوطن الأم برئاسة مسعود يلماز، الذي تولى السلطة بعد حزب الرفاه الإسلامي، لكن الدول الإسلامية المشاركة وعلى رأسها مصر حرصت على بقاء المجموعة، بينما حرصت تركيا على تغيير اسمها إلى مجموعة الثمانية للتنمية Developing 8، واختصاراً يشار إليها الآن بالـ D – 8[114].

و لم يكتف أربكان بذلك، بل نشط عبر العالم الإسلامي، وحدد موعداً لمؤتمر عالمي يضم قيادات العمل الإسلامي، وباتت تركيا تتدخل بثقلها لحل مشكلات داخلية في دول إسلامية كما حدث حينما أرسلت وفوداً لحل خلافات المجاهدين في أفغانستان. وعلى الرغم من ذلك حرص أربكان على عدم استفزاز الجيش، وحاول تكريس انطباع بأنه لا يريد المساس بالنظام العلماني، فنفذ الاتفاقيات السابقة مع "إسرائيل"، وزاد بأن زار "إسرائيل" لدعم التعاون العسكري، وسمح للطيارين الإسرائيليين

بالتدرب في الأجواء التركية. و لم يكن هذا التقارب مع "إسرائيل" كافياً لإقناع الجيش بالقبول، فقام الجنرالات بانقلاب من نوع جديد إذ قدموا إلى أربكان مجموعة طلبات لغرض تنفيذها على الفور تتضمن ما وصفوه بمكافحة الرجعية، وتستهدف وقف كل مظاهر النشاط الإسلامي في البلاد سياسياً، كان أم تعليمياً، أم متعلقاً بالعبادات، فكان أن اضطر أربكان إلى الاستقالة من منصبه لمنع تطور الأحداث إلى انقلاب عسكري فعلي.

وفي سنة 1998 تم حظر حزب الرفاه وأحيل أربكان إلى القضاء بتهم مختلفة، منها انتهاك مواثيق علمانية الدولة، ومنع من مزاولة النشاط السياسي لخمس سنوات، لكن أربكان لم يغادر الساحة السياسية، فلجأ إلى المخرج التركي التقليدي ليؤسس حزباً جديداً باسم الفضيلة بزعامة أحد معاونيه، وبدأ يديره من خلف الكواليس، لكن هذا الحزب تعرض للحظر أيضاً في سنة 2000. ومن جديد يعود أربكان ليؤسس بعد انتهاء مدة الحظر في سنة 2003 حزب السعادة، لكن خصومه من العلمانيين، تربصوا به ليجري اعتقاله ومحاكمته في نفس السنة بتهمة اختلاس أموال من حزب الرفاه المنحل، وحكم على الرجل بسنتين سجناً[115].

تأسس حزب العدالة والتنمية (Adalet ve kalknma Partisi, (AK Parti، في 2001/8/14. ويرأسه رجب طيب أردوغان[116]، ووصل حزب العدالة والتنمية إلى الحكم في تركيا سنة 2002، وكان قد تم تشكيله من قبل النواب المنشقين من حزب الفضيلة الإسلامي، الذي كان يرأسه نجم الدين أربكان، والذي تم حله بقرار صدر من محكمة الدستور التركية في 2001/6/22، وكانوا يمثلون جناح المجددين في حزب الفضيلة. يصنف حزب العدالة والتنمية نفسه بأنه حزب محافظ معتدل، غير معادٍ للغرب، يتبنى رأسمالية السوق، يسعى لانضمام تركيا إلى الاتحاد الأوروبي، وذو جذور إسلامية وتوجه إسلامي لكنه ينفي أن يكون حزباً إسلاميّاً، ويحرص على ألا يستخدم الشعارات الدينية في خطاباته السياسية، ويقول: إنه حزب محافظ ويصنفه البعض على أنه يمثل تيار الإسلام المعتدل[117].

وسعت تركيا في عهد حزب العدالة والتنمية إلى لعب دور فاعل على المستوى الإقليمي والعالمي، وهذا ما توضحه رؤية أحمد داوود أوغلو، وزير خارجية تركيا، حيث إنه يروّج دائماً لرؤية تجعل من تركيا لاعباً فاعلاً على المستوى العالمي عبر الترويج لسياسية "صفر المشاكل مع الجيران"، مع الأمل في تسوية طويلة الأمد للخلافات من خلال توطيد درجة عالية من المشاركة مع قادة وشعوب الدول المجاورة لتركيا. والهدف من ذلك هو تحويل تركيا إلى "المركزية"، أو الإقليمية، حتى تصبح قوة ضمن المنظومة العالمية، ولكي تبرهن للعالم أن دولة مسلمة يمكن أن تكون عضواً بناء في المجتمع الدولي[118].

لقد غيّر حزب العدالة والتنمية اتجاه البوصلة التركية الرسمية (البوصلة الشعبية متعاطفة تماماً) تجاه القضية الفلسطينية. وبعدما كانت في اتجاه واحد نجح الحزب في تعزيز البعدين العربي والإسلامي من هذه البوصلة على الرغم من الثوابت المزمنة لأنقرة[119].

ففي سنة 2006 تعددت مناسبات جمع التبرعات للشعب الفلسطيني في تركيا وشاركت في بعضها أحياناً 91 منظمة أهلية[120]، وتعددت التظاهرات الداعمة للقضية الفلسطينية ولا سيما بعد الاعتداءات على قطاع غزة إِثْرَ أسر الجندي الإسرائيلي جلعاد شاليط Gilad Shalit في أواخر حزيران/ يونيو 2006. حيث دعا حزب السعادة التركي إلى تظاهرة مليونية في اسطنبول في 2006/7/9 للتنديد بالممارسات الوحشية الإسرائيلية[121]. ومع اشتداد العدوان الإسرائيلي على فلسطين ولبنان، استقال العديد من النواب الأتراك من عضوية لجنة الصداقة البرلمانية التركية – الإسرائيلية[122]. وتعكس استطلاعات الرأي دائماً كراهية الأتراك لـ"إسرائيل" والولايات المتحدة الأمريكية.

إن تحولات تركيا في عهد العدالة والتنمية تجاه العرب وفلسطين تعتبر، قياساً إلى السياسات السابقة، إنجازاً غير مسبوق. ولعل انتقادات أردوغان للممارسات

الإسرائيلية تفوق بأضعاف انتقادات بعض العرب، بحيث كان أردوغان في هذا المجال أكثر "عروبة" من بعض الزعماء العرب. و لم تكتف تركيا بالانتقادات اللفظية، ففي موازاة حرب الإبادة الإسرائيلية على الشعب الفلسطيني، لم تتوان في المبادرة بشتى الطرق لتخفيف المعاناة عن الشعب الفلسطيني[123].

تتحكم جدلية الاستيعاب/ الاستبعاد في توجيه مسارات العلاقات التركية – الأوروبية منذ تأسيس الجمهورية على أنقاض الدولة العثمانية بعد الحرب العالمية الأولى. هذه الجدلية معقدة إلى أقصى حد في تفاصيل العلاقة بين الجانبين وفي تفاصيل القوة والتيارات المتنافسة داخل كلٍ من الجانب التركي والجانب الأوروبي. فمن الجانب التركي، هناك رغبة قوية في استيعاب المكتسبات العلمية والتكنولوجية للحضارة الغربية، والاندماج داخل المنظومة الأوروبية بالمعنيين السياسي والاقتصادي على الأقل، وهو الهدف المعلن لسياسيي العدالة والتنمية منذ وصولهم للحكم في نوفمبر/ تشرين الثاني 2002[124].

أما على الجانب الأوروبي فالنزعة الإقصائية/ الاستبعادية كانت ولا تزال هي الأقوى، وهي الأكثر فعالية في ترتيب علاقات أعضاء النادي الأوروبي مع تركيا، فهناك أصوات لأحزاب وحكومات أوروبية تنادي بالانفتاح على تركيا، وترى أن إيجابيات استيعابها في النادي الأوروبي أكثر من سلبياتها، ولكنها أصوات خافتة، وغير حاسمة في ترجيح كفة سياسة الاستيعاب والقبول على كفة الإقصاء والرفض، ومن أسباب الرفض ما هو ديني ثقافي يرتبط بهوية حضارية إسلامية يرى الرافضون أنها لا تنسجم مع المسيحية، بينما ترى قوى أوروبية أخرى أنها ليست بحاجة لقبول تركيا عضواً في الإتحاد الأوروبي وذلك لسببين[125]:

أ. أن تركيا ستنجح في أداء دورها كوسيط حضاري بين أوروبا والعالم الإسلامي فقط كلما عادت إلى هويتها المشرقية، وهذا الاحتمال يتناقض مع مبدأ عضويتها في الاتحاد الأوروبي.

ب. حصول تركيا على عضوية الاتحاد تكسبها قوة كبيرة من الناحية السياسية والاقتصادية، وهي لن تتردد في توظيف هذه القوة لتحقيق مصالحها في المشرق العربي والعالم الإسلامي عامة، وفي هذه الحالة لن تكسب أوروبا شيئاً من انضمامها، بل ربما تخسر بعض المزايا التي تتمتع بها حالياً لصالح النفوذ التركي المتصاعد.

إن قبول عضوية تركيا في الاتحاد الأوروبي ينطوي على احتمالات أكثر إيجابية بالنسبة لتركيا، ذلك لأن أوروبا ذاتها ستجني مصالح متنوعة إذا أصبحت تركيا عضواً كاملاً في ناديها من منظور متعدد الأبعاد يجمع بين الجوانب الثقافية والسياسية والأمنية. ومع ذلك لا توجد حتى الآن مؤشرات مشجعة من الجانب الأوروبي صاحب القرار النهائي في قبول العضوية أو رفضها، وآخرها قرار البرلمان الأوروبي في 2009/3/13 الذي عبر عن حالة قلق لتأخر أنقرة في تنفيذ التزاماتها، وخاصة تراجعها عن تعديل الدستور، في حين أن الموقف الأوروبي كان سلبياً عندما جرت محاولة تعديله وتوسيع حرية المرأة في ارتداء الحجاب في المؤسسات الحكومية، وخاصة في الجامعات[126].

واستفاد حزب العدالة والتنمية من سعي تركيا للانضمام للإتحاد الأوروبي وشروطها في اتجاهين؛ اتجاه داخلي، نحو الحد من الهيمنة العسكرية أي دور الجيش في السياسة التركية؛ واتجاه خارجي، نحو الانفتاح التركي باتجاه العالم العربي والإسلامي أي نحو الشرق.

فعلى المستوى الداخلي، استغل الحزب قضية الانضمام في إصلاحات النظام السياسي الداخلي حيث أعطى هامشاً كبيراً لحرية الأحزاب وخاصة الإسلامية منها، وهذا قلل من احتمالات حل الأحزاب السياسية تحت غطاء الحفاظ على علمانية الدولة.

أما على المستوى الخارجي، فقد بدا الشارع التركي أكثر تقبلاً لسياسة الانفتاح نحو الشرق واستبدالها بالسياسة السابقة أي سياسة العداء والحذر من المحيط العربي والإسلامي، وبذلك يكون حزب العدالة قد هيأ أرضية داعمة لتوجهاته في هذا المضمار.

2. موقف تركيا من عملية التسوية السلمية للقضية الفلسطينية:

منذ أن وصل حزب العدالة والتنمية إلى الحكم في تركيا، حدث نوع من التوازن في العلاقات التركية بين كل من "إسرائيل" والفلسطينيين، بل إن منحنى تلك العلاقات مال لصالح نوع أكبر من التعاطف مع القضية الفلسطينية، وتزايدت الزيارات التركية الرسمية لفلسطين. ووجد حزب العدالة نفسه في حالة شدّ كبيرة باتجاهين متعاكسين، فقاعدته الانتخابية تميل بشكل قوي إلى دعم القضايا العربية والإسلامية، وخصوصاً قضية فلسطين، وإلى معاداة "إسرائيل"؛ بينما يشعر الحزب أن هناك عوامل أخرى تفرض عليه استمرار علاقته بـ"إسرائيل"، مثل النفوذ القوي للمؤسسة العسكرية التركية، ورغبة الحزب في علاقات متميزة مع أوروبا، ودخول تركيا الاتحاد الأوروبي، وعدم إغضاب أمريكا، ثم إن التكوين العلماني الصارم للدولة، ونظامها القضائي، والنفوذ الإعلامي القوي للتيارات الأخرى تَعوقُ تبنّي سياسات إسلامية أكثر وضوحاً وانفتاحاً[127].

حاولت تركيا خلال سنة 2005 تبنّي سياسات متزنة وفق معاييرها، ففي 2005/1/4 زار عبد الله غول، وزير خارجية، تركيا مقر السلطة الفلسطينية في رام الله، وقال غول بعد لقائه مسؤولين فلسطينيين في رام الله إن "الأساليب التي تستخدمها إسرائيل ضد الشعب الفلسطيني والمتمثلة في الضغط والحصار لن تجلب الأمن والراحة لها"، مشدداً على أن إقامة دولة فلسطينية مستقلة هي الطريق الأمثل للسلام والأمن. وعدّ غول أن ترتيب "إسرائيل" لانسحابها من قطاع غزة مع السلطة الفلسطينية، ووضعه في سياق تنفيذ خريطة الطريق Road Map، "سيكون فرصة جيدة لإطلاق عملية السلام والعودة إلى طاولة المفاوضات"، منوهاً إلى أن تركيا مـ... تعدة لبذل ما في وسعها وتقديم العون للطرفين، من أجل التوصل إلى اتفاق سلام[128].

وأكد أن "الأمن وحده لن يجلب السلام في الشرق الأوسط، وسياسة العنف والإرهاب، لن تخدم سوى الأطراف المعادية لعملية السلام"، مطالباً القيادة

الفلسطينية "ببذل جهود أكبر لتنفيذ برامج الإصلاح، حتى تتمكن من بناء دولة فلسطينية قوية". وأعرب غول عن ثقته في أن "الدولة الفلسطينية المقبلة ستكون قوية وقادرة على التقدم نحو السلام"، وأكد أن "تركيا ترى أن الطريق الوحيدة للوصول إلى السلام، هو اتفاق شامل يقوم على أساس التعايش بين دولتي فلسطين وإسرائيل، وأن التوصل إلى اتفاق سلام وفقاً لقرارات مجلس الأمن، والأمم المتحدة هو الحل الأمثل للصراع العربي – الإسرائيلي". وأكد غول على أن "تركيا ستكون إلى جانب القيادة والشعب الفلسطيني حتى تحقيق الحلم الفلسطيني بقيام الدولة المستقلة والحكومة التركية ستواصل دعمها لمشاريع التنمية الفلسطينية"[129].

وقال رئيس الحكومة التركية رجب طيب أردوغان في 2005/6/15: إن "السلام الدائم والشامل في الشرق الأوسط يشكل أولوية في السياسة الخارجية التركية. وقد رحبنا بقبول الأطراف بخريطة الطريق التي وضعت من أجل الوصول إلى حل للنزاع الإسرائيلي الفلسطيني. لكن، ينبغي القيام بالخطوات الضرورية التي تتمتع بالأهمية عينها المعطاة لقبول خريطة الطريق"[130].

وأكد أردوغان، خلال لقائه المبعوث الأمريكي إلى الشرق الأوسط جورج ميتشل أن التوصل إلى اتفاق سلام غير ممكن من دون إشراك حركة حماس كطرف أساسي في المعادلة[131].

ولم تعترف تركيا "بأي إجراءات إسرائيلية سواء في الحرم الإبراهيمي أو المسجد الأقصى"، وأدان أحمد داوود أوغلو وزير الخارجية التركية هذه التصرفات التي أشار إلى أنها لا تساعد في جهد تحقيق السلام[132].

وأعرب عبد الله غول، الذي انتخب رئيساً لتركيا، بعد لقائه الرئيس الأمريكي جورج بوش George Bush في واشنطن عن اعتقاده بأنه من المهم أن يأخذ بوش على عاتقه "المبادرة" إلى دفع إنشاء الدولة الفلسطينية ويدفع بها "بصلابة". وقال: "كي يكون هناك نجاح، من المهم أن نؤكد منع بناء مستوطنات جديدة... وتأكيد الوحدة

الفلسطينية"، وأن يكون بوش "جسوراً وشجاعاً"، وأن لا تترك المهمة للأميركيين فقط، إذ "يجب على الكل أن يعملوا من أجل تحقيق هدف إنشاء الدولة الفلسطينية سنة 2008"[133].

وفي الدورة العادية 22 للقمة العربية، التي أقيمت في مدينة سيرت في ليبيا، بين 27-2010/3/28، قال أردوغان، الذي حضر كضيف على القمة:

نحن كتركيا ليس من الممكن أن نظل بلا حراك حيال التطورات التي تشهدها منطقة الشرق الأوسط. وليس من المفروض أن تتناول كل حادثة في منطقة الشرق الأوسط بشكل منفصل عن توازن المنطقة... وإن من أكثر المشاكل المصيرية والتي تتطلب السرعة في إيجاد الحل لها في منطقتنا هي المشكلة الفلسطينية. واليوم يواجه المجتمع الدولي امتحاناً صعباً وجديداً فيما يتعلق بإنعاش مسيرة السلام. وإن كل [كلاً] من القيادة الفلسطينية والدول العربية، وافقوا بحذر على المفاوضات المباشرة. وما يقع في هذه المرحلة على عاتق الأطراف، هو إعطاء السلام فرصة صادقة. ونحن نريد في هذه المرحلة الآن رؤية نهاية الطريق وليس خارطة الطريق.

وإن القدس هي قرة عين لهذه الرقعة الجغرافية وللعالم الإسلامي برمته، وهي القبلة الأولى ولا يمكن القبول أبداً بالتعديات الإسرائيلية على القدس والأماكن المقدسة. وإن إعلان وزير الداخلية الإسرائيلي القدس عاصمة، هو في الواقع ضرب من ضروب الجنون. وهذا لا يربطنا ولا يلزمنا أبداً، وسيدفع بهم إلى العزلة...

ولم تقتصر إسرائيل بموقفها هذا على إخلالها للقوانين الدولية بل أخلت بالمشاعر الإنسانية والتاريخ والضمير في نفس الوقت... وينبغي أن لا ننسى أنه طالما احترقت القدس، احترقت فلسطين، و طالما احترقت فلسطين احترقت منطقة الشرق الأوسط، وطالما احترقت منطقة الشرق الأوسط لا يمكن لعالمنا بلوغ السلام والأمان. وأنه ليس من ضمن الممكن أن تحل المشكلة بإضاعة الوقت بالمفاوضات التي لا تركز على

النتيجة عبر اختزال قرارات الأمم المتحدة والجامعة العربية ومنظمة المؤتمر الإسلامي ومكتسبات القوانين الدولية المتعلقة بالموضوع...

وأريد أن أذكر مرة أخرى أننا كتركيا، ندعم ونتعقب عن كثب قضية فلسطين المحقة والتي نعتبر أن حلها هو بمثابة المفتاح لإحلال السلام والأمن في المنطقة[134].

3. تركيا بعد فوز حماس بالانتخابات:

بعد فوز حركة حماس بالانتخابات التشريعية الفلسطينية التي جرت في الضفة الغربية وقطاع غزة، في 2006/1/25، كشف رئيس وزراء تركيا رجب طيب أردوغان، في 2006/1/27 أنه بحث والرئيس الباكستاني برويز مشرّف Pervez Musharraf في مبادرة مشتركة، يكون لمنظمة المؤتمر الإسلامي دور فيها تنطوي على "قيامنا بدور نوع من الوسيط بين إسرائيل والفلسطينيين". وقال إن لب "الاتصالات والمبادرات" يقوم على "الشرح لحماس بأن سياسة عدم الاعتراف بإسرائيل لن تكون مساعدة في هذه العملية"، وأن "على إسرائيل ألا تقول إنها لن تعترف بنتيجة الانتخابات أو بحماس في الحكومة". وقال أردوغان إن على الأخوة في حماس أن "يتركوا عاداتهم وتصرفاتهم في الماضي للماضي. عليهم أن يدخلوا عالماً جديداً بنظرة جديدة الآن وقد أصبحوا عملياً طرفاً في حكم الدولة"، وشدد على "أن السلاح يجب أن يكون فقط في أيادي القوات المسلحة لأي دولة". وقال إن في "مثل هذه العملية، إنني مقتنع أن حماس ستتحرك، ويجب أن تتحرك نحو الوسط، فالتطرف لن يساعد في شيء، وهذا يطبق على إسرائيل أيضاً". ودعا إلى التمييز بين "حماس الأمس وحماس الآن". وشدد على ضرورة أن "نسمح لهم ببعض الوقت لنرى ماذا سيفعلون"[135].

وانتقد أردوغان، في 2006/2/21، استخدام "إسرائيل" للعقوبات الاقتصادية ضد الفلسطينيين بسبب انتخابهم حماس، معتبراً أن هذا سيخلق "ديموقراطية مقيدة" ويعكس عدم احترام للشعب الفلسطيني[136].

وأشار أردوغان إلى "مناشدة حماس لفتح، ودعوتها للمشاركة في الائتلاف"، ووصفها بأنها أمر "مهم جداً" و"حدث غير عادي"، نظراً لأن حماس حصلت على ما يكفي من المقاعد لتأليف حكومة من أتباعها حصراً، لو شاءت. وقال إن التوصل إلى "ائتلاف مع فتح سيكون مهماً للغاية"[137].

وبعد تردد، قررت حكومة حزب العدالة والتنمية التركية، دعوة وفد من حماس لزيارة أنقرة في 2006/2/16. وعلى الرغم مما اعترى الزيارة من إرباك في التنظيم والتحضير نتيجة فرض تاريخ الزيارة نفسه على الطرفين في شكل مفاجئ، ووجود فريق رافض للزيارة في أوساط الخارجية التركية، إلا أن الزيارة، التي كانت برئاسة رئيس المكتب السياسي لحماس خالد مشعل، جاءت مثمرة للطرفين. فأنقرة، بحسب مشعل، كانت أول محطة دولية تستقبل الحركة بعد الانتخابات الفلسطينية، فيما وفرت هذه المبادرة لتركيا، في المقابل، فرصة مهمة لتعزيز دورها كلاعب سياسي أساسي ومؤثر في الشرق الأوسط[138].

ودافع أردوغان عن استقبال بلاده لوفد حماس. وقال إن أنقرة تسعى لدور أكبر في منطقة الشرق الأوسط، مضيفاً أن "تركيا لا يمكنها أن تقف موقف المتفرج"، ومشدداً على خبرة تركيا التاريخية في حكم المنطقة على مدى قرون في ظل الدولة العثمانية. وأشار أردوغان إلى أن المسؤولين الأتراك أوضحوا لوفد الحركة موقف المجتمع الدولي بشأن ضرورة التخلي عن العنف والاعتراف بـ"إسرائيل". وقال "لقد وجهنا الرسالة الصحيحة في الوقت المناسب"[139].

وشمل اعتراض مسؤولي الخارجية شخصية مشعل نفسه بحجة أنه لم يشارك في الانتخابات وليس نائباً في المجلس التشريعي أو مسؤولاً في الحكومة، داعين إلى الانتظار إلى ما بعد تشكيل الحكومة بصفة رسمية. وكحل وسط بين رئاسة الوزراء المحمسة للزيارة وبيروقراطيي الخارجية الممتعضين، اتفق على إبقاء الزيارة غير رسمية وإخراجها من خلال دعوة حزبية، تحاشيا لردود أفعال دولية لم يعمل مسبقاً على

تفاديها عبر القنوات الدبلوماسية المعتادة، إذ أبلغت تل أبيب وواشنطن بالمبادرة التركية قبل ست ساعات فقط من وصول الوفد إلى تركيا[140].

وشملت لقاءات الوفد مسؤولين في الخارجية في مقدمتهم مساعد وكيل الوزارة أحمد اوزومجو Ahmed Üzümcü قبل اللقاء "الحزبي" مع وزير الخارجية عبد الله غول نيابة عن أردوغان الذي تعرض لضغوط من رئاسة الجمهورية ومسؤولي الخارجية لئلا تظهر تركيا في صورة الداعم لسياسات حركة حماس، وأخرى من واشنطن، إضافة إلى تقدير ذاتي بأن حماس ليست على استعداد حالياً لتقديم تنازلات حتى لأردوغان نفسه، فكان تأجيل اللقاء إلى حين آخر تتيح ظروفه أن يخرج منه أردوغان ولو بتأثير متواضع على جزء من مواقف الحركة. كما جاء تأجيل اللقاء من اعتبار الخارجية الزيارة خطوة أولى على طريق التواصل بين حماس وأنقرة، التي ترى أن دورها كداعم للديموقراطية في المنطقة يملي عليها إعطاء الحركة الفلسطينية فرصة طالما أنها جاءت إلى السلطة من خلال انتخابات شفافة وديموقراطية، من دون أن تفسر هذه الفرصة على أنها مباركة لسياسات حماس، خصوصاً العسكرية. هذا التوازن الدقيق كان يستدعي، بحسب الخارجية التركية، عدم المبالغة في النتائج المتوقعة من الزيارة أو مدلولاتها[141].

وسعت حركة حماس إلى تخفيف وطأة الأمر. وقال المتحدث باسم كتلة التغيير والإصلاح في الضفة الغربية خالد سليمان "إننا لا نستغرب هذا الموقف فربما يريد أردوغان أن يتعامل مع رئيس الحكومة الفلسطينية بشكل رسمي وهو ما قد يتم في الأيام المقبلة بعد تشكيل الحكومة".

وانتقد السفير الأمريكي في أنقرة، روس ويلسون Ross Wilson، زيارة وفد حماس إلى تركيا، وقال إنّ "مصدر قلقنا الرئيسي يتمثّل في أنّ أيّ لقاء مع حماس يجب أن يبعث بالرسالة نفسها، حول نبذ الإرهاب والاعتراف بحق إسرائيل في الوجود والالتزام بالاتفاقات التي وقعتها السلطة الفلسطينية"[142].

وفي 2006/6/8 زار الرئيس التركي أحمد نجدت سيزر Ahmet Necdet
Sezer الضفة الغربية بعد يوم من زيارته لـ"إسرائيل"، إلا أن سيزير الذي
التقى رئيس السلطة الوطنية الفلسطينية محمود عباس، لم يلتقِ رئيس الحكومة
إسماعيل هنية[143].

وعدّ رئيس الوزراء التركي رجب طيب أردوغان دعوة الرئيس عباس إلى انتخابات
فلسطينية مبكرة إجراء "سلبياً جداً" يأتي قريباً جداً من الانتخابات الفلسطينية
الأخيرة. وقال أردوغان إن المشكلة الأكبر بخصوص انتخابات كانون الثاني/ يناير أن
إرادة الشعب الفلسطيني لم تلق احتراماً بعد فوز حماس[144].

4. الدور التركي في المصالحة الفلسطينية:

تعتقد تركيا أن حركة حماس يجب أن تشارك في العملية السياسية، وهذا مرتبط
باستمرار وقف النار مع "إسرائيل"، ثم بالمصالحة بين الرئيس الفلسطيني محمود عباس
وحماس؛ وتركيا تعمل على هذا الخط وهي على مسافة واحدة من عباس وحماس[145].

التزم الأتراك منذ البداية بالوقوف إلى جانب الفلسطينيين؛ وذلك من خلال تقديم
الدعم المادي والسياسي للشعب الفلسطيني، وقد عملت الدبلوماسية التركية على
أكثر من ملف فلسطيني داخلي، فقدَّمت على سبيل المثال جهداً هاماً في إطار المصالحة
الفلسطينية[146].

فعندما قامت حركة حماس بالسيطرة على قطاع غزة في حزيران/ يونيو
2007 عرض رئيس الوزراء التركي رجب طيب أردوغان على إسماعيل هنية
رئيس الوزراء الفلسطيني خلال اتصال هاتفي في 2007/7/23 استعداده للتحرك
في ملف المصالحة الفلسطينية، وقال: "نحن في تركيا جاهزون للتحرك من أجل
رأب الصدع وإعادة الوحدة إلى صفوفكم بعد أن ننتهي من تشكيل الحكومة
في الأسابيع القادمة، إننا سنكون سعداء إذا نجحنا في تحقيق المصالحة بينكم
وعودة الوفاق إلى صفوفكم". وأضاف قائلاً "إننا نتألم من رؤية نزيف الدم بين

الإخوة الفلسطينيين، وهذا الانقسام يضعف مواقفكم ويضر بمصلحة الشعب والقضية، كما أن استمرار هذا الخلاف سيؤثر سلبيّاً على إقامة الدولة الفلسطينية المستقلة"[147].

كما شكل الاعتداء الإسرائيلي على أسطول الحرية في 2010/5/31 محطة تحول للدور التركي في القضية الفلسطينية، حيث وجدت تركيا لنفسها قبولاً لأن تكون وسيطاً في المصالحة الفلسطينية بين حركة فتح وحركة حماس. ففي 2010/6/7 أكد رئيس الوزراء التركي رجب طيب أردوغان أن تركيا مستعدة لأداء دور نشط للتوصل إلى مصالحة بين حركتي فتح وحماس، وقال خلال مؤتمر صحافي مشترك مع الرئيس السوري بشار الأسد إن إصلاح الخلاف بين حركة فتح وحماس "أمر واجب"، مضيفاً أن حماس رحبت بأن تؤدي أنقرة دور الوسيط[148]. وهو ما أكده إسماعيل هنية، رئيس الوزراء في قطاع غزة، وأوضح أن إعلان تركيا التدخل لإنهاء الخلاف بين فتح وحماس لا يعنى وجود دور بديل عن الدور المصري، ودعا إلى تكامل الأدوار بين الدول العربية والإسلامية على خلفية المصالح العليا التي تجمع هذه الدول، مؤكداً أن ملف المصالحة الفلسطينية في مصر، ولكنه، في الوقت نفسه، يرحب بأي جهد عربي وإسلامي آخر[149].

وفي الجانب المصري ذكرت مصادر تركية لجريدة "الحياة" اللندنية أن القاهرة رفضت اقتراحاً تركياً غير رسمي لعقد اجتماع يضم الأمين العام للجامعة العربية عمرو موسى، ومدير الاستخبارات المصرية الوزير عمر سليمان، ووزير الخارجية التركي أحمد داود أوغلو، وممثلين عن حركتي حماس وفتح، في مصر أو تركيا من أجل الضغط على الطرفين الفلسطينيين، لتوقيع اتفاقية المصالحة الفلسطينية. وجاء الرد المصري على لسان وزير الخارجية أحمد أبو الغيط الذي اعتبر أن الدور التركي ينحصر في إقناع حماس بقبول وثيقة المصالحة المصرية، وأنه لا مجال الآن للعودة إلى فصول المفاوضات من جديد[150]. وأشارت مصادر فلسطينية رسمية لموقع الجزيرة.نت، إلى أن الرئيس عباس كان موافقاً على الطرح التركي، لكنه تراجع عقب رفض مصر له[151].

وصرح سليمان عواد، المتحدث باسم الرئاسة المصرية، بأن الدور التركي في ملف المصالحة الفلسطينية يعد مكملاً للدور المصري، ويسعى إلى دعمه، وأن الرئيس التركي عبد الله غول ووزير خارجيته أكدا على هذا الأمر خلال محادثاتهما مع الرئيس المصري حسني مبارك في 2010/7/21[152].

وبقي ملف المصالحة الفلسطينية معلقاً لغاية صدور هذا التقرير، ولم يطرأ عليه أي دور تركي، حيث ترفض حماس التوقيع على ورقة المصالحة المصرية، دون أخذ ملاحظاتها.

5. موقف تركيا من العدوان على قطاع غزة:

لعبت تركيا دوراً مباشراً وفاعلاً خلال العدوان الإسرائيلي على قطاع غزة 2008/12/27-2009/1/18؛ إذ تعدّ تركيا أحد الأطراف الأكثر قبولاً من جانب مختلف أطراف الصراع في المنطقة؛ وفي مقدمتها حركة حماس و"إسرائيل"؛ فضلاً عن الغرب، وما يعرف بدول الاعتدال، والممانعة العربية. كما أن تركيا عضو مؤقت في مجلس الأمن الدولي، وحلف شمال الأطلسي، وتستطيع بحكم علاقاتها بحماس أن تنقل وجهات نظر الأخيرة، وهي مهمة أبدى رئيس الوزراء التركي رجب طيب أردوغان استعداده لأدائها[153].

حمّل أردوغان "إسرائيل" مسؤولية العدوان على قطاع غزة، ورأى أنها لم تحترم شروط التهدئة على الرغم من التزام حماس بها، غير أن أردوغان حمّل حماس جانباً من المسؤولية، بسبب إطلاقها الصواريخ على المستوطنات الإسرائيلية مما أدى إلى إشعال التوتر، لكنه عدّ الرد الإسرائيلي غير متناسب بالمرة مع ما تفعله حماس[154]. ولخص أردوغان الموقف الإسرائيلي خلال العدوان بأنه غير إنساني، وظالم، وغير مقبول[155]. ودعا أردوغان إلى وقف الغارات الإسرائيلية، وأدان ما رآه ضربة لمبادرات السلام العربية الإسرائيلية، كما حثّ مجلس الأمن الدولي إلى التدخل بأسرع ما يمكن[156].

44

وأعلنت الحكومة التركية تجميد الوساطة بين سورية و"إسرائيل" فيما يتعلق بعملية السلام[157]. حيث أعلن أردوغان من دمشق في 2008/12/30، بعد لقائه بالرئيس السوري بشار الأسد بأن "العدوان الإسرائيلي على غزة نسف كل الجهود المبذولة من أجل تحقيق السلام في المنطقة"[158]. وأكد أردوغان بعد لقائه الرئيس المصري في 2009/1/1 على ضرورة وقف "إسرائيل" لإطلاق النار مباشرة، وكذلك رفع الحصار، والسماح للمساعدات الإنسانية بالمرور لغزة، كما طالب حماس بوقف إطلاق الصواريخ[159]. وأعلن أردوغان في 2009/1/5 أنه لن يجري أي اتصال مع أي مسؤول إسرائيلي إلى أن تصدر عن "إسرائيل" إشارة فعلية على قبول وقف إطلاق النار[160]. وبسبب رفض "إسرائيل" قرار مجلس الأمن 1860، الذي دعا لوقف فوري لإطلاق النار في قطاع غزة، طالب أردوغان بضرورة منع "إسرائيل" من دخول مقر الأمم المتحدة[161]. واتهم دول أوروبا الغربية بـ"الكيل بمكيالين" وبعدم التحرك عند شن "إسرائيل" عدوانها على قطاع غزة بالسرعة ذاتها التي تحركت بها عند نشوب النزاع في جورجيا حول أوسيتيا الجنوبية[162].

وفي حين نقل موقع جريدة حريات Hurriyet التركية، أن وزير الخارجية التركي علي باباجان Ali Babacan قال لنظيرته الإسرائيلية، تسيبي ليفني Tzipi Livni، "أبوابنا مفتوحة، ولكن عليك أن تتحدثي عن شروط وقف النار إذا أردت المجيء إلى تركيا"[163]، وأكد باباجان على أن قطع العلاقات مع "إسرائيل" "لإرضاء بعض الأوساط أو باسم النزعة الشعبوية سيلحق الضرر بالمنطقة"[164].

وقدمت تركيا رؤيتها لإمكانية وقف إطلاق النار من خلال مبادرة سياسية مزجت بين الوقف العاجل لإطلاق النار وخطوات سياسية تعمل لتثبيته على الأرض. ومن هنا ذكرت جريدة صباح Sabah التركية في عددها الصادر في 2009/1/3، أن أردوغان طرح على زعماء مصر والسعودية والأردن وسورية والسلطة الفلسطينية، خارطة طريق تقوم على مرحلتين، لتأمين وقف إطلاق النار العاجل في غزة، واستعادة التهدئة، وفتح الطريق أمام المساعدات للفلسطينيين، وتهيئة الأرضية المناسبة لاستئناف

مفاوضات السلام، بنشر قوات دولية لحفظ السلام في غزة، واستعادة التهدئة بين حماس و"إسرائيل"[165].

وأشار وزير الخارجية علي باباجان بعد لقائه نظيره السوري وليد المعلم في 2009/1/5، إلى أن "أنقرة تعمل من أجل التوصل إلى وقف للنار ينصّ على وجود مراقبين دوليين"[166]. وقال مسؤول بارز بالخارجية التركية إن تركيا متمسكة برؤيتها وأن أي وقف لإطلاق النار يجب أن يتم في إطار متوازن بين الحل العسكري، والحل السياسي، وذلك كي يكون وقف إطلاق النار قابلاً للاستمرار[167].

وبعد الإعلان عن وقف إطلاق النار بين الجانبين الإسرائيلي في 2009/1/17 والفلسطيني في 2009/1/18، أشار مستشار رئيس الحكومة التركية أحمد داوود أوغلو إلى أن حماس أعلنت وقف النار بناء على طلب تركيا[168].

وبالمقابل، رفض باباجان التهمة التي تقول بأن أنقرة تؤيد كل ما تقوم به حماس. وقال إن "أنقرة توجه النصح دائماً لحماس حول أن الحل لا يكون بالسلاح، ويجب البحث عن حل في الأطر الديمقراطية"[169]. لكن باباجان رأى أنه من غير الممكن تجاهل حماس في إطار جهود السلام في المنطقة[170].

وشدد الرئيس التركي عبد الله غول على ضرورة سعي جميع الدول العالم من أجل تأسيس دولة فلسطينية مستقلة قابلة للعيش إلى جانب "إسرائيل". وقال، إن الهدف بات الآن "ضمان أن يصبح وقف إطلاق النار متبادلاً، ودائماً، وأن تنسحب إسرائيل كلياً من قطاع غزة"[171].

كما أعرب أردوغان عن استعداد بلاده لإرسال مراقبين مدنيين إلى غزة لتثبيت وقف إطلاق النار في حال طلب الفلسطينيون ذلك، مستبعداً فكرة إرسال قوات تركية إلى القطاع. وشدد على أهمية العمل من أجل حل شامل للقضية الفلسطينية، ودعا إلى "وضع خطة سياسية تشمل كل الأطراف الفلسطينية بما فيها حماس تعمل كلها من أجل حل سياسي للقضية الفلسطينية"[172].

وفي 2009/1/29 انسحب أردوغان من منتدى دافوس الاقتصادي World Economic Forum Davos 2009 في سويسرا احتجاجاً على منعه من التعليق على مداخلة للرئيس الإسرائيلي شمعون بيريز بشأن الهجوم على غزة. وخاطب أردوغان بيريز قائلاً:

> سيد بيريز أنت أكبر مني سناً، أشعر أنك ربما تشعر بالذنب قليلاً، لذلك ربما كنت عنيفاً، أنا أتذكر الأطفال الذين قُتلوا على الشاطئ، وأتذكر قول رئيسي وزراء من بلدكم إنهما يشعران بالرضا عن نفسيهما عندما يهاجمان الفلسطينيين بالدبابات... أشعر بالحزن عندما يصفق الناس لما تقوله لأن عدداً كبيراً من الناس قد قتلوا، وأعتقد أنه من الخطأ، وغير الإنساني أن نصفق لعملية أسفرت عن مثل هذه النتائج[173].

أما على الصعيد الشعبي فقد هرعت المنظمات التركية الرسمية والمدنية الخيرية إلى غزة مع قوافل المساعدات، كما أوصلت مؤسسة الإغاثة الإنسانية التركية (IHH) باعتبارها منظمة خيرية بارزة، المواد الغذائية والمعدات الطبية الضرورية إلى غزة، وأجرت الاستعدادات أيضاً لنقل الفلسطينيين الجرحى إلى اسطنبول للعلاج[174]. كما لاقت الاعتداءات الإسرائيلية على قطاع غزة احتجاجات على نطاق أوسع في أنحاء مختلفة من تركيا، وألغي احتفال كبير في إسطنبول عشية السنة الجديد تضامنا مع غزة. وتجمع عشرات الآلاف من الأشخاص احتجاجاً على العدوان الإسرائيلي على الفلسطينيين في 2009/1/4، وأذيعت هذه التظاهرة على التلفزيونات الفضائية العربية الكبرى[175].

كان العدوان الإسرائيلي على قطاع غزة علامة فارقة في تزايد الدعم التركي الشعبي والرسمي للقضية الفلسطينية، وفي توجيه انتقادات حادة للسلوك الإسرائيلي، وفي المطالبة بفك الحصار عن قطاع غزة، واحترام إرادة الشعب الفلسطيني الذي انتخب حماس. غير أن الموقف التركي ظل محكوماً باستمرار تبنيه للمسار العربي الرسمي وموقفه من التسوية، وفي مراعاة تحالفه مع الولايات المتحدة الأمريكية، وعلاقاته بـ"إسرائيل"، ورغبته في الدخول في الاتحاد الأوروبي[176].

6. موقف تركيا من حصار قطاع غزة:

طرحت "إسرائيل" جملة مبررات لحصارها الذي فرضته على نحو 1.51 مليون فلسطيني في قطاع غزة، من بينها تحرير الجندي الأسير جلعاد شاليط، الذي أسرته ثلاثة فصائل فلسطينية مقاومة في حزيران/ يونيو 2006، ومعاقبة حماس على أسره ورفض إطلاق سراحه طيلة الأعوام الماضية. كما بررت "إسرائيل" حصارها بالرغبة بمنع وصول أسلحة ومعدات عسكرية إلى حركات المقاومة، والحيلولة دون دخول مواد أولية إلى القطاع يمكن استخدامها في تصنيع الصواريخ والوسائل القتالية الأخرى[177].

ولقد كان الموقف التركي أكثر فاعلية في رفض الحصار والعمل على كسره رسمياً وشعبياً وسياسياً ومعنوياً، ولقد أفادت تركيا من علاقاتها الدولية المتوازنة في فتح ملف الحصار دولياً وعدم طيه في أدراج النسيان[178]. وأصبحت تركيا مسرحاً للعديد من النشاطات والفعاليات الإسلامية المساندة للشعب الفلسطيني، فعلى سبيل المثال نظَّم الأتراك وبتأييد رسمي علني العديد من الفعاليات المناصرة للفلسطينيين والمؤيدة لرفع الحصار عن غزة من بينها مظاهرات ومهرجانات وجمع تبرعات وإرسال مساعدات... إلخ[179].

فعلى المستوى الرسمي ندد رئيس الحكومة أردوغان بالحصار الذي فرضته "إسرائيل" على قطاع غزة، مشيراً إلى أن فلسطين هي أساساً سجن بسماء مفتوحة، وشعب غزة يواجه مأساة إنسانية[180]. وقال أردوغان أمام كتلة نواب حزب العدالة والتنمية إن "إسرائيل" تعاقب شعباً كاملاً من أجل معاقبة مجموعة بعينها، وتقوم بقصف مكثف لقطاع غزة... من غير المقبول تفهم مثل هذه الممارسة بذريعة إطلاق الصواريخ. وكلما سألنا الإسرائيليين عن أسباب القصف الذي يتعرض له الشعب الفلسطيني بين الحين والآخر يتعللون بأن هناك صواريخ تقصف من الجانب الفلسطيني. لكن كلما سألنا عن حجم الخسائر الناتجة عن القصف الفلسطيني، وعن عدد الضحايا في الجانب الإسرائيلي لا نحصل على جواب[181].

وأعرب وزير الخارجية التركي أحمد داوود أوغلو، عن تضامنه مع قطاع غزة، داعياً إلى فك الحصار عنها لأنه لا يفترض أن تبقى "سجناً مفتوحاً". وأضاف "نحن لا نعتبر أنه من المقبول أن نشهد مأساة إنسانية من هذا النوع في منطقتنا". وتابع "ما يزال الوضع في غزة يزداد جدية من الناحية الإنسانية"، وقال "ستستمر تركيا في القيام بكل شيء ممكن لتحسين الأوضاع في المنطقة"[182].

وفي 2010/1/19 تصدر الحصار الإسرائيلي على قطاع غزة المحادثات بين وزير الخارجية التركي ووزير الدفاع الإسرائيلي إيهود باراك. وطالب أوغلو باراك بالسماح لتركيا بإيصال المعونات لسكان قطاع غزة المحاصر، لا سيما الغذاء والدواء والمساعدات الأساسية، كما طلب السماح لتركيا بإدخال مبان جاهزة لإيواء من فقدوا مساكنهم نتيجة للحرب الإسرائيلية المدمرة، ولا يستطيعون بسبب الحصار ومنع مواد البناء الدخول لقطاع غزة من إعادة بناء مساكنهم. ولكن باراك رفض التعهد بالاستجابة لطلب تركيا، وقال إنه سيدرس الطلب بناء على السياسة المتبعة إزاء إدخال البضائع لقطاع غزة، مضيفاً أن "القيود على معابر قطاع غزة ستتواصل طالما بقي الجندي المختطف جلعاد شاليط محتجزاً في أيدي حماس"[183].

وأكد أردوغان في مؤتمر صحفي مشترك مع نظيره القطري حمد بن جاسم آل ثاني في 2010/2/14 على التزام بلاده بالوفاء بوعودها للعمل على حل مشكلة الأوضاع الإنسانية المتردية في قطاع غزة المحاصر، وتسهيل إدخال المساعدات لسكانه. وأعرب أردوغان عن أسفه من عدم سماح الكيان الصهيوني ومصر بدخول المساعدات اللازمة لإعادة إعمار غزة. وذكر أن ما يقارب خمسة آلاف أسرة ما زالت تعيش في الخيام، مطالباً الدول التي شاركت في مؤتمر إعادة إعمار غزة في شرم الشيخ بالوفاء بوعودها[184].

وقبل أيام من الاعتداء على أسطول الحرية الذي وقع في 2010/5/31 أعلن أردوغان أن تركيا تسعى مع دول أخرى لكسر الحصار الجائر المفروض على قطاع غزة، وأن الأمر يمثل له ولتركيا أولوية، موضحاً أن الجهود تسير أيضاً في اتجاه إعادة إعمار ما دمّرته آلة الحرب الإسرائيلية خلال العدوان على القطاع[185].

49

و لم يقتصر الدعم الذي أبدته تركيا تجاه الفلسطينيين في قطاع غزة على الجانب السياسي، بل تعداه إلى الدعم الإنساني من خلال افتتاح أفرع للمؤسسات الإغاثة التركية في غزة، منها جمعية ياردملي Yardimeli في غزة، ويعدد منسقها العام الخدمات التي تقدمها مؤسسته في كفالة 4500 أسرة غزية. وذكر أن الخدمات الإغاثية المقدمة تشمل تقديم المساعدات في المواسم والأعياد وشهر رمضان والحوادث الطارئة، مشيراً إلى أن هذه المشاريع بدأت مع بداية الحرب الإسرائيلية على غزة أواخر سنة 2008[186]. ومن هذه المؤسسات مؤسسة هيئة الإغاثة الإنسانية التركية بغزة ويوضح ممثلها محمد كايا أن الشعب التركي ومؤسساته الإنسانية تخص الشعب الفلسطيني بنسبة كبيرة من الدعم وتقديم المساعدات، مشيراً إلي أن مجموع ما قدمته مؤسسته من مساعدات وصل إلى 25 مليون يورو في سنة 2009[187].

7. الاعتداء على أسطول الحرية:

قامت القوات الخاصة التابعة للبحرية الإسرائيلية فجر يوم الاثنين 2010/5/31، بتنفيذ عمليتين عسكريتين مزدوجتين، الأولى هي اعتراض سفن قافلة أسطول الحرية المتجه لقطاع غزة، والثانية هي عملية القتل الانتقائي – الجماعي للناشطين الأتراك، الذي أدى إلى مقتل تسعة أتراك وإصابة عشرات المتضامنين[188].

فجر الاعتداء الإسرائيلي على أسطول الحرية أزمة حادة في العلاقات بين تركيا و"إسرائيل"، حيث بادرت تركيا إلى سحب سفيرها من "إسرائيل"، كما استدعت خارجيتها السفير الإسرائيلي للاحتجاج على الاعتداء، وعلقت الرحلات السياحية البحرية مع "إسرائيل"، ودعت إلى اجتماع عاجل لمجلس الأمن[189].

وأعلن نائب رئيس الحكومة التركية بولنت أرينك Bülent Arinc أن بلاده قررت إلغاء ثلاث مناورات عسكرية مع "إسرائيل"، ودان الرئيس التركي عبد الله غول الهجوم، الذي عدّه خرقاً للقوانين الدولية[190].

ووجه أردوغان، انتقادات شديدة اللهجة إلى "إسرائيل"، حيث وصف حكومتها بأنها وقحة، وتشكل دملاً مفتوحاً في طريق السلام الإقليمي، داعياً إلى معاقبتها على "المجزرة الدموية" التي ارتكبتها، وعدّ الاعتداء هجوماً "دنيئاً" وجّه واحدة من أثقل الصفعات لضمير الإنسانية، وحذر "إسرائيل" من اختبار صبر أنقرة، مؤكداً أنه "بقدر ما تكون صداقة تركيا قوية فإن عداوتها أقوى"، وطالبها برفع فوري للحصار المفروض على قطاع غزة، الذي تعهد بالاستمرار في دعمه[191].

من الجانب الإسرائيلي رفض رئيس الوزراء الإسرائيلي بنيامين نتنياهو، اقتراحاً للأمين العام للأمم المتحدة، بان كي مون Ban Ki-moon تشكيل لجنة تحقيق دولية في مجزرة أسطول الحرية، وزعم أن "إسرائيل" تسعى إلى تحقيق موضوعي، مجدداً إلصاق مزاعم الإرهاب بناشطي أسطول الحرية[192].

كما أكد أوغلو أن علاقة أنقرة مع تل أبيب مرهونة بقبولها مقترح منظمة المؤتمر الإسلامي بتشكيل لجنة تحقيق دولية بالتعاون مع هيئة الأمم المتحدة. وتوقع أوغلو أن تقبل "إسرائيل" بهذه اللجنة، وأشار إلى أن "أي خطوة غير مشجعة من قبل إسرائيل تجاه هذه اللجنة ستواجه بخيارات تركية متاحة أولها سحب السفير التركي من إسرائيل"[193].

وبالمقابل رفضت تركيا اللجنة الداخلية (لجنة تيركل Commission Turkel) التي شكلتها "إسرائيل" لتقصي الحقائق بشأن الاعتداء الإسرائيلي على أسطول الحرية، مؤكدة أنها لا تثق بنزاهتها[194].

وعلى الرغم من إعلان وزير الدفاع الوطني التركي، محمد وجدي غونول، في 2010/6/6، أن تركيا لن توقف التعاون في مجال الدفاع مع "إسرائيل"[195]، ساءت العلاقات التركية الإسرائيلية أكثر حين قرر سلاح الجو التركي في 2010/6/14 إلغاء صفقة مع الصناعات الجوية الإسرائيلية وشركة إيلبيت سيستمز Elbit Systems لشراء طائرات بدون طيار قيمتها 180 مليون دولار[196]. وجمدت تركيا 16 اتفاقاً مع الحكومة الإسرائيلية[197].

وفي 2010/8/27 رفضت السلطات التركية السماح لطائرة نقل تابعة للجيش الإسرائيلي من العبور فوق أراضيها، مما اضطر الطائرة لتغيير مسارها الجوي[198]. وأفادت مصادر دبلوماسية تركية بأن الحكومة التركية تدرس إصدار قرار بهذا الشأن يمنع الطيران العسكري الإسرائيلي من استخدام المجال الجوي التركي رداً على رفض "إسرائيل" تنفيذ المطالب التركية الثلاثة المتعلقة بالاعتداء على أسطول الحرية.

وأكد اردوغان، خلال لقاء صحافي في أعقاب قمة مجموعة العشرين في تورنتو، المطالب التركية وهي: الاعتذار وتشكيل لجنة تحقيق دولية والتعويض على الأضرار، ومن بينها مصادرة السفن التي ترفع العلم التركي والتي كانت متوجهة إلى قطاع غزة، وأخيراً الرفع الكامل للحظر المفروض على القطاع. وقال "نريد اعتذاراً" وأن "يتم رفع الحظر"[199].

إلا أن "إسرائيل" رفضت تقديم أي اعتذار لتركيا، حيث أكد نتنياهو أن بلاده لا يمكنها الاعتذار لأن جنودها اضطروا للدفاع عن أنفسهم للإفلات من عملية ضرب حتى الموت. كما رأى وزير الخارجية الإسرائيلي أفيغدور ليبرمان Avigdor Liberman أن "مكانة إسرائيل الدولية ستتضرر إلى حد كبير في حال قدمت اعتذاراً لتركيا على خلفية أحداث قافلة السفن، أو صرفت تعويضات للمصابين في هذه الأحداث"[200].

وفي 2010/7/1 عقد لقاء مفاجئ بين أحمد داود أوغلو، وزير الخارجية التركي، و بنيامين بن إليعازر، وزير الصناعة والتجارة الإسرائيلي، في بروكسل، وأشار أوغلو إلى أن "الجانب الإسرائيلي هو من طلب إجراء اللقاء". وأكد المتحدث باسم الخارجية التركية براق اوزوغرغين Burak Özügergin أن الوزيرين ناقشا الوضع الحالي للعلاقات التركية – الإسرائيلية. ووفقاً لمعلومات جريدة حريات التركية، استناداً لمصادر في الخارجية التركية، فإن الوزير التركي جدد أمام مقابله الإسرائيلي مطالب أنقرة في الاعتذار عن الاعتداء البحري والتعويض وتشكيل لجنة تحقيق دولية مستقلة ورفع الحصار عن غزة[201].

وفي 2010/7/5 قررت وزارة الدفاع التركية عدم المشاركة في مناورات "عروس البحر" الخاصة بعمليات الإغاثة والإنقاذ البحري التي تجرى في الأبيض المتوسط في شهر آب/ أغسطس من كل سنة مع قطع بحرية أمريكية وإسرائيلية[202].

وفي ظل التجاهل الإسرائيلي للمطالب التركية قال أوغلو إن "إسرائيل" تعرف العقوبات التي ستتعرض لها من جانب تركيا ما لم تنفذ المطالب التركية حتى تتجنب قطع العلاقات معها، مضيفاً "إذا لم تكن الحكومة الإسرائيلية ترغب في تشكيل لجنة تحقيق دولية، فعليها أن تعترف بهذه الجريمة وأن تعتذر وأن تدفع تعويضات". وأكد أوغلو أنه بدون تنفيذ أي من هذين الشرطين لا يمكن عودة العلاقات الدبلوماسية التركية – الإسرائيلية إلى مجراها السابق، وأوضح أن تركيا تملك حق فرض عقوبات على "إسرائيل" من جانب واحد، وأن "إسرائيل" تعلم جيداً تلك العقوبات، وقال "لا أستطيع الكشف عما أبلغتهم خلف الأبواب المغلقة" في إشارة إلى لقائه مع بنيامين بن إليعازر في بروكسل[203].

وفي 2010/7/24 عين مجلس حقوق الإنسان التابع للأمم المتحدة لجنة خبراء للتحقيق وتقصي الحقائق في دعاوى انتهاكات القانون الدولي في الهجوم الإسرائيلي على أسطول الحرية. غير أن "إسرائيل" رفضت التعاون مع اللجنة. وقال عوفير جندلمان Ofir Gendelman المتحدث باسم الحكومة الإسرائيلية إن بلاده لا ترى مصداقية للمجلس من الأساس، وأوضح أن "إسرائيل" شكلت لجنتي تحقيق حكومية وعسكرية و"لا داعي لوجود لجنة تحقيق ثالثة"[204]. بيد أن بياناً صادراً عن مكتب نتنياهو، في 2010/8/3 قال إن الحكومة الإسرائيلية ستكون على استعداد لأن تنقل إلى لجنة التحقيق الدولية كافة التقارير التي أعدتها أو تلك التي أعدتها لجنة الفحص الإسرائيلي، إلا أنها لن تسمح بعرض أي من الجنود والضباط للتحقيق أمام اللجنة[205].

وفي 2010/8/9 أدلى نتنياهو، بشهادته أمام لجنة تيركل، وقال إن "وزير الدفاع (إيهود باراك) هو العنوان الوحيد في هذا الموضوع"، وإن الجيش الإسرائيلي هو الذي

قرر شكل مواجهة الأسطول والسيطرة على سفنه[206]. كما أخذ باراك خلال أفادته أمام اللجنة على عاتقه كامل المسؤولية عن أحداث أسطول الحرية[207].

أما رئيس هيئة أركان الجيش الإسرائيلي الجنرال غابي أشكنازي Gabi Ashkenazi فقال لدى إدلائه بإفادته أمام اللجنة إنه يتحمل شخصياً المسؤولية عن كل العمليات التي ينفذها الجيش الإسرائيلي، معتبراً عملية اعتراض "أسطول الحرية" عملية "صحيحة ومتناسبة وأخلاقية"[208].

وبعد اعترافات القيادة الإسرائيلية أمام اللجنة قال الناطق باسم الأمانة العامة للأم المتحدة مارتن نسيركي Martin Nsirci إن اللجنة "لا تنوي تحديد المسؤولية الجنائية لأفراد معينين". فيما بدا أنه تراجع جديد لصالح عدم توجيه اتهامات أو تحديد مسؤوليات جنائية لأية إسرائيليين، وقال إن "المهمة الأساسية هي مراجعة التحقيقات التي تجريها السلطات الإسرائيلية والتركية وإصدار توصيات بشان كيفية تجنب مثل هذه الحوادث في المستقبل". وأوضح أن اللجنة "ستقدم تقريراً مبدئياً منتصف أيلول/ سبتمبر المقبل، على أن تنهي عملها في منتصف شباط/ فبراير 2011[209]. وهو ما يعني أن العلاقات التركية الإسرائيلية لن تتحسن وستبقى رهينة الموقف قبل تلبية الشروط التركية، والنظر في ما سيؤول إليه التحقيق الدولي.

شكل الموقف من أسطول الحرية المبادرة التركية الأهم تجاه العالم العربي، وذلك انطلاقاً من حقيقة أن هذه المبادرة أعادت الاهتمام للقضية الفلسطينية، وحركت المياه الدولية الراكدة، في ظل الصمت الأميركي في مواجهة حكومة اليمين المتشدد في "إسرائيل". وتميزت المبادرة في السياسة الخارجية التركية بعدة سمات أضفت عليها مزيداً من التأثير والفعالية وكان من أهمها الإيجابية، فقد تميزت المبادرة التركية بإيجابيتها تجاه القضايا العربية عموماً، وخاصة القضية الفلسطينية[210].

خاتمة

ارتبطت تركيا منذ أيام الخلافة العثمانية بالمشرق العربي ضمن مفهوم ديني للحكم، وكامتداد للتاريخ والحضارة الإسلامية. إذ عملت الخلافة العثمانية على توطيد ارتباطها بهذه المنطقة وبسط سلطانها من مفهوم الواجب الديني الذي يحتم عليها المحافظة على الأماكن المقدسة، والعمل على تطويرها، وخصوصاً في فلسطين.

بعد أن انكفأ الحكم العثماني إثر الحرب العالمية الأولى، وصعد نجم العلمانيين بقيادة مصطفى كمال أتاتورك، بدأت تركيا عصراً جديداً يرتكز إلى مبادئ العلمانية، والانسلاخ عن العالم الإسلامي، والاحتكام إلى دستور مدني على الطراز الغربي.

بعد هذا التحول أصبحت المؤسسة العسكرية التركية هي العنصر الأقوى ضمن منظومة صنع القرار التركي، تحت شعار حماية علمانية الدولة، وحماية الانتماء الغربي للنموذج التركي، على الرغم من تشبث القاعدة الشعبية بالانتماء الإسلامي كما تظهر الأحداث والتطورات.

كانت تركيا أول دولة إسلامية تعترف بقيام "إسرائيل"، وعملت على تطوير علاقتها بها على كافة المستويات، خصوصاً على الصعيد العسكري والاستخباراتي، وعلى صعيد الموارد البيئية والصناعية والتجارية. محاولة بذلك الانسلاخ عن العالم الإسلامي، والذي دعمه وجود حكم الشاه في إيران مما شكل محوراً ثلاثياً في وجه أي قوة إقليمية عربية أو إسلامية كانت من الممكن أن تقوم في ذلك الوقت.

وعلى الرغم من ذلك لم تتوان الدبلوماسية التركية عن رفض ما آلت إليه الأوضاع بعد الحرب العربية الإسرائيلية سنة 1967، فرفضت مثلاً إعلان "إسرائيل" توحيد القدس، واعتبارها عاصمة موحدة. وبالمقابل اعترفت بمنظمة التحرير الفلسطينية، ولكن دون أي تأثير على علاقاتها بـ"إسرائيل".

ويمكن الاعتبار أن التحول السياسي تجاه القضية الفلسطينية في تركيا الحديثة بدأ مع بداية صعود الإسلاميين، مع تسلم نجم الدين أربكان وحزب الرفاه الحكم. وعلى الرغم من تدخل المؤسسة العسكرية التركية لحماية العلمانية، وإزاحة حزب الرفاه عن الحكم، إلا أن حزب العدالة والتنمية استطاع الوصول إلى السلطة انطلاقاً من قاعدة شعبية عريضة. واتجه حزب العدالة نحو الشرق، مستنداً إلى النجاح الذي حققه على المستوى الاقتصادي، وإلى ميول الشعب التركي، الذي سئم من المماطلة الأوروبية لضم تركيا إلى الاتحاد الأوروبي. كما استفاد حزب العدالة والتنمية من ورقة الانضمام إلى الإتحاد الأوروبي لكي يحد من سطوة الجيش على الحياة السياسية التركية، مستغلاً حالة الضعف التي باتت تتغلغل في صفوف الأحزاب التركية العلمانية.

كما تناغم سياسيو حزب العدالة والتنمية مع التعاطف الشعبي الرافض للاعتداءات والجرائم الإسرائيلية بحق الشعب الفلسطيني، وهو ما دفع الساسة الأتراك لاتخاذ مواقف ناقدة جريئة للسياسات الإسرائيلية لاقت صدى وترحيباً في الأوساط الفلسطينية والعربية والإسلامية.

لقد ساعدت حالة الفراغ التي تعيشها منطقة الشرق الأوسط، وغياب الدول العربية الكبرى كلاعب أساسي في القضية الفلسطينية، تركيا لأن تلعب دوراً نشطاً في مجريات الأحداث في المنطقة، وتأكيد ذاتها كقوة إقليمية لا يمكن تجاوزها. فكان لها دورها في عملية التسوية السلمية، كما كان لها حضورها على الساحة الداخلية الفلسطينية خصوصاً محاولاتها لإنهاء حالة الانقسام الفلسطيني، والدعوة لإعطاء الفرصة لحركة حماس للاندماج ضمن المجتمع الدولي كجهة حاكمة بقوة الديموقراطية وصندوق الاقتراع.

وهنا لا بد من التساؤل، إن كان حزب العدالة والتنمية استطاع الإمساك بالورقة الرابحة في وتيرة تحالفاته الإقليمية في ظل الانكشاف والفشل الأمريكي والإسرائيلي في المنطقة، ليعيد مجد السلطنة العثمانية، وأن تكون تركيا الدولة الإقليمية الأقوى المتفق عليها من جميع الأطراف؟

الهوامش

[1] سميرة سليمان، إمبراطورية دان لها العالم وخذلها السلاطين، شبكة الإعلام العربية (محيط)، 2009/3/4، انظر:

http://www.moheet.com/show_news.aspx?nid=228980&pg=1

[2] خليل الصمادي، القدس في العهد العثماني، موقع مؤسسة فلسطين للثقافة، انظر:

http://www.thaqafa.org/Main/default.aspx?_ContentType=ART&_855a-1f446be6742d-ContentID=b81b44ab-9a0d-4103

[3] محمد عيسى صالحية، مدينة القدس: السكان والأرض (العرب واليهود) 1275-1368هـ/ 1858-1948م (بيروت: مركز الزيتونة للدراسات والاستشارات، 2009)، ص 16-17.

[4] الصمادي، مرجع سابق.

[5] صالحية، مرجع سابق، ص 19-20.

[6] الصمادي، مرجع سابق.

[7] مصطفى عاشور، عبد الحميد الثاني وجدل لم ينته، موقع إسلام أون لاين، انظر:

http://www.islamonline.net/Arabic/history/1422/11/article02.shtml

[8] محسن صالح، القضية الفلسطينية: خلفياتها وتطوراتها حتى سنة 2001، الطبعة الثانية (كوالالمبور: فجر أولونغ Fagar Ulung، وبروفشينال إيغل تريدينغ أس.دي.أن. بي.أتش.دي. Professional (Eagle Trading Sdn. Bhd.، 2002)، ص 30.

[9] عاشور، مرجع سابق.

[10] صالحية، مرجع سابق، ص 25.

[11] جلال معوض، صناعة القرار في تركيا والعلاقات العربية – التركية (بيروت: مركز دراسات الوحدة العربية، 1998)، ص 97-126.

[12] حسني محلي، الجيش التركي.. انحياز مطلق للعلمانية، موقع الجزيرة.نت، 2007/8/29، انظر:

http://www.aljazeera.net/NR/exeres/62F2B784-341B-4EC9-A70F-80C7BF26FA65.htm

[13] الانقلابات في تركيا خلال الخمسين عاما المنصرمة، موقع أخبار العالم، 2009/10/28، انظر:

http://www.akhbaralaalam.net/news_detail.php?id=30856

[14] موقع يورو نيوز، 2010/2/23، انظر:

http://arabic.euronews.net/2010/02/23/military-and-govt-on-a-crash-course-in-turkey/

[15] The General Assembly of the United Nations, The Question of Palestine, Resolution 181, Plenary Meeting, 29/11/1947,

http://unispal.un.org/unispal.nsf/181c4bf00c44e5fd85256cef0073c426/46815f76b9d9270085256ce600522c9e?OpenDocument

[16] بشير عبد الفتاح، تركيا وإسرائيل.. توتر يغذي هواجس عدم الثقة، الجزيرة.نت، 2009/10/27، انظر:

http://www.aljazeera.net/NR/exeres/E7BBA99C-F543-4A41-928A-75632C69F420.htm

17 ريّان ذنون العباسي، إسرائيل ومشروع جنوب شرقي الأناضول في تركيا، موقع دنيا الوطن، 2009/11/19، انظر:
http://pulpit.alwatanvoice.com/articles/2009/11/19/180327.html

18 تركيا.. مسار تاريخي، تحولات مثيرة وسعي دؤوب لركوب العربة الأوروبية، الجزيرة.نت، 2004/10/3، انظر:
http://www.aljazeera.net/NR/exeres/7E6FDFBC-C0AC-4E0E-91EC-1655B46A90C5.htm

19 هشام عبد العزيز، "العلاقات العسكرية الإسرائيلية – التركية،" مجلة جامعة أم القرى لعلوم الشريعة والدراسات الإسلامية، المجلد 13، العدد 22، ربيع أول 1422هـ، الموافق أيار/ مايو– حزيران/ يونيو 2001م، انظر: http://uqu.edu.sa/majalat/shariaramag/mag22/mg-th-3.htm

20 المرجع نفسه.

21 غازي السعدي، هل هذه نهاية العلاقات الإستراتيجية بين تركيا وإسرائيل؟، موقع العربية للصحافة، 2010/6/16، انظر: http://www.al-arabeya.net/index.asp?f=-3485883602.htm

22 يوسف الشريف، تركيا والجوار العربي، الجزيرة.نت، 2006/10/31، انظر:
http://www.aljazeera.net/NR/exeres/E8B77935-89BC-4097-ADED-79A87B19244D.htm

23 العباسي، مرجع سابق.

24 رنا خماش، **العلاقات التركية – الإسرائيلية وتأثيرها على المنطقة العربية (1996–2009م)** (الأردن: مركز دراسات الشرق الأوسط، 2010)، ص 25.

25 بوزيدي يحيى، تركيا ... التحول الإستراتيجي وردود الفعل الإقليمية والدولية، مجلة الفكر الحر، العدد 32، 2009/2/1، انظر: http://alfikr.org/View.aspx?rid=346

26 التحالف التركي الإسرائيلي، وكالة الأخبار الإسلامية – نبأ، انظر:
http://www.islamicnews.net/Common/ViewItem.asp?DocID=49903&TypeID=2&ItemID=365؛ وجميل مطر، تركيا تعود للعرب 2-3، جريدة **الشروق**، مصر، 2009/12/5، انظر:
http://www.shorouknews.com/ContentData.aspx?id=159506

27 خماش، **مرجع سابق**، ص 27.

28 التحالف التركي الإسرائيلي، وكالة نبأ؛ وجميل مطر، **مرجع سابق**.

29 United Nations website, Voting Summary on UN Resolution Symbol: A/RES/3379(XXX), 10/11/1975, http://unbisnet.un.org:8080/ipac20/ipac.jsp?profile=voting&index=.VM&term=ares3379%28xxx%29

30 يحيى، مرجع سابق.

31 **جميل مطر، مرجع سابق.**

32 عماد الضميري، "تركيا والشرق الأوسط،" مركز القدس للدراسات السياسية، 2002، انظر:
http://www.alqudscenter.com/uploads/Turkey2002..pdf

33 عصام عبد العزيز، لغز التحالف التركي – الإسرائيلي، مجلة **روزاليوسف** الأسبوعية، العدد 4278، 2010/6/5.

34 خماش، **مرجع سابق**، ص 27.

35 عبد الله الفواز، العبور إلى تركيا وتحطيم الحلم الإسرائيلي، موقع الجبهة العربية الفلسطينية، 2009/12/5، انظر: http://palaf.org/news.php?action=view&id=1074

36 هشام عبد العزيز، مرجع سابق.

37 المرجع نفسه.

38 العباسي، مرجع سابق.

39 خماش، مرجع سابق، ص 29.

40 العباسي، مرجع سابق.

41 هشام عبد العزيز، مرجع سابق.

42 الشريف، مرجع سابق.

43 السعدي، مرجع سابق.

44 هشام عبد العزيز، مرجع سابق.

45 محسن صالح وبشير نافع (محرران)، التقرير الاستراتيجي الفلسطيني لسنة 2005 (بيروت: مركز الزيتونة للدراسات والاستشارات، 2006)، ص 117.

46 محمد نور الدين، "العلاقات التركية – الإسرائيلية: مرحلة جديدة؟،" جريدة الشرق، الدوحة، 2005/1/9.

47 جريدة الغد، عمّان، 2005/5/2.

48 الغد، 2005/5/2.

49 جريدة القدس العربي، لندن، 2005/5/2.

50 خماش، مرجع سابق، ص 30.

51 المرجع نفسه، ص 45.

52 المرجع نفسه، ص 26.

53 هشام عبد العزيز، مرجع سابق.

54 نضال حسين، العلاقات التركية الإسرائيلية، جريدة الشعب، مصر، 2002/8/9.

55 خماش، مرجع سابق، ص 28.

56 هشام عبد العزيز، مرجع سابق.

57 المرجع نفسه.

58 خماش، مرجع سابق، ص 29.

59 المرجع نفسه، ص 29-30.

60 معوض، مرجع سابق، ص 221.

61 خماش، مرجع سابق، ص 29-30.

62 معوض، مرجع سابق، ص 227 و248.

63 هشام عبد العزيز، مرجع سابق.

64 معوض، مرجع سابق، ص 256-257.

65 عبد الفتاح، مرجع سابق.

66 سمير قديح، خفايا وأسرار التعاون العسكري والأمني والاقتصادي بين تركيا وإسرائيل 60 عام من التعاون الوثيق وتبادل المعلومات، موقع الكوفية برس، 2010/6/29، انظر: http://kofiapress.com/arabic/?action=detail&id=60777

59

67 خماش، مرجع سابق، ص 48.

68 القدس العربي، 2005/5/2.

69 جريدة السفير، بيروت، 2005/5/6.

70 محسن صالح (محرر)، التقرير الاستراتيجي الفلسطيني لسنة 2006 (بيروت: مركز الزيتونة للدراسات والاستشارات، 2007)، ص 184.

71 محسن صالح (محرر)، التقرير الاستراتيجي الفلسطيني لسنة 2007 (بيروت: مركز الزيتونة للدراسات والاستشارات، 2008)، ص 207-208.

72 محسن صالح (محرر)، التقرير الاستراتيجي الفلسطيني لسنة 2008 (بيروت: مركز الزيتونة للدراسات والاستشارات، 2009)، ص 180.

73 المرجع نفسه، ص 182.

74 محسن صالح (محرر)، التقرير الاستراتيجي الفلسطيني لسنة 2009 (بيروت: مركز الزيتونة للدراسات والاستشارات، 2010)، ص 199-200.

75 جريدة الأهرام، القاهرة، 2009/10/9.

76 موقع سي إن إن، 2009/10/11، انظر:
http://arabic.cnn.com/2009/middle_east/10/12/turkey.israel_gaza/index.html

77 وكالة رويترز، 2009/10/14، انظر:
http://ara.reuters.com/article/topNews/idARACAE59D0QH20091014?sp=true

78 جريدة الشرق الأوسط، لندن، 2010/1/19.

79 نضال حسين، مرجع سابق.

80 كل دولار أمريكي واحد = 2.8 ليرة تركية، وذلك حسب سعر صرف الدولار أمام الليرة التركية خلال الخمسينيات من القرن العشرين، انظر:
Central Bank of the Republic of Turkey, Electronic Data Delivery System,
http://evds.tcmb.gov.tr/yeni/cbt-uk.html

81 خماش، مرجع سابق، ص25-26.

82 Imports, by Country of Purchase and Exports, by Country of Destination, Central Bureau of Statistics (CBS), http://www.cbs.gov.il/archive/shnaton47/st08-05.gif

83 حجم التبادل التجاري بين تركيا و"إسرائيل" من سنة 1960-1995، انظر:
gif.05-CBS), http://www.cbs.gov.il/archive/shnaton47/st08)

84 محسن صالح وبشير نافع، التقرير الاستراتيجي الفلسطيني لسنة 2005، ص 120.

85 التحالف الإسرائيلي – التركي يرسم مستقبل خارطة الشرق الأوسط الجديد أنقرة وتل أبيب.. من يحتاج الآخر؟، أحمد الغريب، موقع الرؤية، 2009/7/27، انظر:
http://www.arrouiah.com/node/174256

86 معوض، مرجع سابق، ص 251.

87 حسين، مرجع سابق.

88 معوض، مرجع سابق، ص 251.

89 المرجع نفسه، ص 252.

90 سعد عبد المجيد، "مشروع المياه التركي الإسرائيلي.. لماذا؟،" الجزيرة.نت، انظر:
http://aljazeera.net/NR/exeres/EDCED17B-F624-4E6C-B917-974691BE6FDB.htm

91 جريدة **الوفد**، القاهرة، 2005/5/14.

92 محسن صالح وبشير نافع، **التقرير الاستراتيجي الفلسطيني لسنة 2005**، ص 120.

93 **الغد**، 2005/5/2.

94 صالح، **التقرير الاستراتيجي الفلسطيني لسنة 2006**، ص 176-177.

95 صالح، **التقرير الاستراتيجي الفلسطيني لسنة 2007**، ص 202.

96 **المرجع نفسه**، ص 205.

97 صالح، **التقرير الاستراتيجي الفلسطيني لسنة 2008**، ص 181.

98 محجوب الزويري، "العلاقات التركية الإسرائيلية... المواقف والمصالح،" الجزيرة.نت، انظر:
http://www.aljazeera.net/NR/exeres/25A689B6-7738-453D-9421-5170F4EEAA0D.htm

99 صالح، **التقرير الاستراتيجي الفلسطيني لسنة 2008**، ص 180.

100 صالح، **التقرير الاستراتيجي الفلسطيني لسنة 2006**، ص 184.

101 صالح، **التقرير الاستراتيجي الفلسطيني لسنة 2008**، ص 180-181.

102 **المرجع نفسه**، ص 181.

103 صالح، **التقرير الاستراتيجي الفلسطيني لسنة 2009**، ص 225.

104 صالح، **التقرير الاستراتيجي الفلسطيني لسنة 2008**، ص 182.

105 حجم التبادل التجاري بين تركيا و"إسرائيل" من سنة 1960-2009، انظر:
(CBS), http://www.cbs.gov.il/reader/archive/archive_e_new.html

106 محسن صالح وبشير نافع، **التقرير الاستراتيجي الفلسطيني لسنة 2005**، ص 120.

107 موقع عرب 48، 2010/8/5، انظر:
http://www.arabs48.com/display.x?cid=16&sid=66&id=72857

108 صالح، **التقرير الاستراتيجي الفلسطيني لسنة 2009**، ص 194 و200 و201.

109 Republic of Turkey, Ministry of Culture and Tourism,
http://www.kultur.gov.tr/EN/Genel/BelgeGoster.aspx?17A16AE30572D313AC302172C9058B83C7D510DFD423D9C; Aand *Today's Zaman* newspaper, 3/6/2010,
http://www.todayszaman.com/tz-web/mobile.do?load=wapDetay&link=211951؛
وموقع عرب 48، 2010/8/5، انظر:
http://www.arabs48.com/display.x?cid=16&sid=66&id=72857

110 عرب 48، 2010/8/5، انظر:
http://www.arabs48.com/display.x?cid=16&sid=66&id=72857

111 Tourist Arrivals, by Country of Residence, Cruise Passengers by Nationality and Tourist Departures by Duration of Stay, CBS, http://www.cbs.gov.il/archive/st04/shnaton47-06.gif؛ وللاطلاع على عدد الوافدين إلى "إسرائيل" من تركيا 2002-2007، انظر موقع وزارة السياحة الإسرائيلية، في:
http://www.goisrael.com/GovArb/Ministry+of+Tourism/Statistics/statistical+reports+by+years.htm

112 أربكان.. مهندس المحركات والحالة الإسلامية التركية، إسلام أون لاين، 2000/6/11، انظر:
http://www.islamonline.net/servlet/Satellite?c=ArticleA_C&cid=1177155968672&pagename=Zone-Arabic-Namah%2FNMALayout

113 مصطفى الطحان: حزب العدالة والتنمية في تركيا رؤية من الداخل، مركز الشرق العربي للدراسات الحضارية والاستراتيجية، 2003/9/25، انظر:
http://www.asharqalarabi.org.uk/center/dirasat-h.htm

114 أربكان.. مهندس المحركات والحالة الإسلامية التركية، إسلام أون لاين.

115 "تركيا.. صراع الهوية، شخصيات تركية: نجم الدين أربكان،" الجزيرة.نت، 2006/11/13، انظر:
9B72-C9F276960EB6.htm-4208-5311-http://www.aljazeera.net/NR/exeres/4546EFC2

116 محمد عبد العاطي (محرر)، **تركيا بين تحديات الداخل ورهانات الخارج** (قطر: مركز الجزيرة للدراسات، وبيروت: الدار العربية للعلوم، 2010)، ص 34.

117 Morton Abramowitz and Henri J. Barkey, "Turkeys' Transformers," *Foreign Affairs* magazine, November /December 2009, http://www.foreignaffairs.com/articles/65464/morton-abramowitz-and-henri-j-barkey/turkeys-transformers

118 *Ibid*.

119 صالح، **التقرير الاستراتيجي الفلسطيني لسنة 2006**، ص 183.

120 وكالة الأنباء والمعلومات الفلسطينية (وفا)، 2006/4/26، انظر:
http://www.wafa.pna.net/body.asp?id=85444

121 **السفير**، 2006/7/7؛ وذكرت جريدة **العرب اليوم**، عمّان، 2006/7/10، أنه قد شارك في المظاهرة نحو عشرة آلاف شخص.

122 جريدة **البيان**، دبي، 2006/8/2.

123 صالح، **التقرير الاستراتيجي الفلسطيني لسنة 2006**، ص 183.

124 إبراهيم البيومي غانم، جدلية الاستيعاب والاستبعاد في العلاقات التركية الأوروبية، مركز الجزيرة للدراسات، 2009/11/25، انظر:
http://www.aljazeera.net/NR/exeres/AFBDF185-8CF3-4F48-9474-556D1434D011.htm

125 المرجع نفسه.

126 عبد العاطي، **مرجع سابق**، ص 188.

127 صالح، وبشير نافع، **التقرير الاستراتيجي الفلسطيني لسنة 2005**، ص 116.

128 جريدة **المستقبل**، بيروت، 2005/1/5.

129 **المرجع نفسه**.

130 جريدة **النهار**، بيروت، 2005/6/16.

131 جريدة **الخليج**، الشارقة، 2009/2/27.

132 جريدة **الراي**، الكويت، 2010/3/3.

133 جريدة **الحياة**، لندن، 2008/1/14.

¹³⁴ نص كلمة رئيس الوزراء رجب طيب أردوغان التي ألقاها في القمة العربية التي انعقدت في ليبيا، موقع قناة تي أر تي TRT، تركيا، 2010/3/31، انظر: http://www.trtarabic.com

¹³⁵ الحياة، 2006/1/28.

¹³⁶ السفير، 2006/2/22.

¹³⁷ الحياة، 2006/1/28.

¹³⁸ الحياة، 2006/2/22.

¹³⁹ السفير، 2006/2/22.

¹⁴⁰ الحياة، 2006/2/22.

¹⁴¹ الحياة، 2006/2/22 .

¹⁴² الشرق الأوسط، 2006/2/18.

¹⁴³ الشرق الأوسط، 2010/6/9.

¹⁴⁴ رويترز، 2006/12/19، انظر:
http://ara.today.reuters.com/news/newsArticle.aspx?type=topnews&storyID=2006-12-18T195919Z_01_EGO871906_RTRIDST_0_OEGTP-TURKEY-PM-PALES-MN3.XML

¹⁴⁵ صالح، التقرير الاستراتيجي الفلسطيني لسنة 2009، ص 209.

¹⁴⁶ عوني فارس، تركيا والقضية الفلسطينية.. تطلعات شعوب ومحددات ساسة، موقع مركز الزيتونة للدراسات والاستشارات، بيروت، 2009/12/2، انظر:
http://www.alzaytouna.net/arabic/?c=198&a=103848

¹⁴⁷ وكالة معاً الإخبارية، 2007/7/24، انظر:
http://www.maannews.net/ar/index.php?opr=ShowDetails&ID=75801

¹⁴⁸ الحياة، 2010/6/7.

¹⁴⁹ جريدة المصري اليوم، القاهرة، 2010/6/11.

¹⁵⁰ الحياة، 2010/6/17.

¹⁵¹ الجزيرة.نت، 2010/6/26، انظر:
http://aljazeera.net/NR/exeres/23EEC181-0733-4BA4-99F6-F8BA99AEE67C.htm

¹⁵² جريدة الأيام، رام الله، 2010/7/22.

¹⁵³ محمد نور الدين، الدور التركي في أربعة أسئلة، الخليج، 2009/1/18.

¹⁵⁴ الخليج، 2009/1/7.

¹⁵⁵ جريدة الوطن، السعودية، 2009/1/7.

¹⁵⁶ البيان، 2008/11/28.

¹⁵⁷ المرجع نفسه.

¹⁵⁸ السفير، 2009/1/1.

¹⁵⁹ الشرق الأوسط، 2009/1/2.

¹⁶⁰ الوطن، السعودية، 2009/1/7.

¹⁶¹ البيان، 2009/1/16.

¹⁶² الخليج، 2009/1/19.

[163] Hurriyet newspaper, 13/1/2009, see:
http://arama.hurriyet.com.tr/arsivnews.aspx?id=10765794

[164] الحياة، 2009/1/18.

[165] جريدة السياسة، الكويت، 2009/1/4.

[166] الحياة، 2009/1/6.

[167] الشرق الأوسط، 2009/1/15.

[168] السفير، 2009/1/21.

[169] السفير، 2009/1/23.

[170] جريدة الدستور، عمان، 2009/1/29.

[171] جريدة الوطن، قطر، 2009/1/19.

[172] الحياة، 2009/1/25.

[173] الجزيرة.نت، 2009/1/30، انظر:
http://www.aljazeera.net/NR/exeres/BF197CBD-4F17-4CF3-96A0-3944F115AADF.htm

[174] بولنت أراس، السياسة التركية تجاه القضية الفلسطينية، مركز الجزيرة للدراسات، 2009/1/19،
انظر:
http://www.aljazeera.net/NR/exeres/527D6177-3049-4E4C-B32F-489485629A78.htm?

[175] المرجع نفسه.

[176] مركز الزيتونة للدراسات والاستشارات، الدور التركي في المنطقة وتأثيره على القضية الفلسطينية،
تقدير استراتيجي (22)، بيروت، أيار/ مايو 2010، انظر:
http://www.alzaytouna.net/arabic/?c=1064

[177] عاطف جولاني، فشل الأهداف السياسية والأمنية للحصار على قطاع غزة، من ندوة تركيا
والكيان الصهيوني وحصار غزة، عقدها مركز دراسات الشرق الأوسط.بمجمع النقابات المهنية في
عمان في 2010/6/21، انظر:
http://www.mesc.com.jo/Activities/Act_Sem/symposium/mesc-12-20.html

[178] علي صالح أبو سكر، تنامي الموقف العربي والإسلامي والدولي ضد الحصار على غزة، في ندوة
تركيا والكيان الصهيوني وحصار غزة، مركز دراسات الشرق الأوسط، 2010/6/21، انظر:
http://www.mesc.com.jo/Activities/Act_Sem/symposium/mesc-12-20.html

[179] فارس، مرجع سابق.

[180] السفير، 2008/1/23.

[181] المرجع نفسه.

[182] الخليج، 2009/12/29.

[183] جريدة السبيل، عمان، 2010/1/20.

¹⁸⁴ المركز الفلسطيني للإعلام، 2010/2/14، انظر:

http://www.palestine-info.info/ar/default.aspx?xyz=U6Qq7k%2bcOd87MDI46m
2fHYkK1Vzx73XZfUDBjfog%9rUxJEpMO%2bi1s729wJy4cmWAmaD%2bs4
bEY7vYUda8cdEPHXGnRI%2bNLJDGohaNrSLLzNlX6k%2bIdFdzbQdqu5E
luMcPoVHIfxm%2f3iNI%3d

¹⁸⁵ جريدة القدس، القدس، 2010/5/11.

¹⁸⁶ الجزيرة.نت، 2010/2/15، انظر:

http://www.aljazeera.net/NR/exeres/E257DE7B-FE4B-400B-948B-
3C7AA8D1FFAE.htm

¹⁸⁷ المرجع نفسه.

¹⁸⁸ رسائل الهجوم الإسرائيلي على قافلة الحرية وافتتاح حقل القتل التركي، موقع الجمل.بما حمل،
2010/6/2، انظر: http://www.aljaml.com/node/58507

¹⁸⁹ الخليج، 2010/6/1.

¹⁹⁰ المرجع نفسه.

¹⁹¹ الخليج، 2010/6/2.

¹⁹² الغد، 2010/6/7.

¹⁹³ الوطن، السعودية، 2010/6/7.

¹⁹⁴ القدس العربي، 2010/6/15.

¹⁹⁵ Hürriyet Daily News, Turkey, 7/6/2010,
http://www.hurriyetdailynews.com/n.php?n=no-israel-normalisation-without-
international-probe-turkey-2010-06-07

¹⁹⁶ وكالة وفا، 2010/6/14، انظر:

http://www1.wafa.ps/arabic/index.php?action=detail&id=77984

¹⁹⁷ وكالة سما الإخبارية، 2010/6/17، انظر:

http://www.samanews.com/index.php?act=Show&id=70371

¹⁹⁸ الدستور، 2010/6/28.

¹⁹⁹ الحياة، 2010/6/29.

²⁰⁰ السفير، 2010/7/3.

²⁰¹ السفير، 2010/7/2.

²⁰² موقع أخبار العالم، 2010/7/5، انظر:

http://www.akhbaralaalam.net/news_detail.php?id=38797

²⁰³ الدستور، 2010/7/12.

²⁰⁴ هيئة الإذاعة البريطانية (بي بي سي)، 2010/7/24، انظر:

http://www.bbc.co.uk/arabic/middleeast/2010/07/100724_israel_flotilla_reax_tc2.shtml

[205] الغد، 2010/8/4.

[206] جريدة الأخبار، بيروت، 2010/8/10.

[207] وكالة سما، 2010/8/10، انظر:

http://www.samanews.com/index.php?act=Show&id=74207

[208] الحياة، 2010/8/12.

[209] البيان، 2010/8/12.

[210] جمال أنور محمد، المبادرة في السياسة الخارجية التركية، موقع تركيا اليوم، 2010/7/25، انظر:

http://turkeytoday.net/node/1513